Lucas Atanazio Vetorasso

O Pastor

As 14 Leis da Conquista

Sumário

0. Introdução

1. O Instinto de Conquistar

2. A Psicologia da Conquista

3. O Poder do Controle

4. Comunicação que conquista

5. O Efeito Pastor

6. O poder do Storytelling na conquista

7. O papel do ambiente na Jornada de Conquista

8. A importância de relações significativas

9. A conquista do tempo

10. A Arte de lidar com obstáculos

11. O início: A construção de uma base sólida

12. Estratégia e Planejamento

***

AS LEIS DA CONQUISTA

13. Leis da Necessidade e da Perspectiva

14. Leis do Conflito e do Desequilíbrio

15. Leis da Inovação e do Desejo

16. Leis da Conexão e do Tempo

17. Leis da Resiliência e da Visão

18. Leis da Mente e da Visão

19. Leis da influência e do Propósito

***

20. A Jornada

21. O Pastor

22. Encerramento

INTRODUÇÃO

Desde os primórdios da humanidade, o desejo de conquistar esteve enraizado no coração do ser humano. Não se trata apenas de tomar terras ou acumular riquezas, mas de algo muito mais profundo: a necessidade de deixar uma marca no mundo, de provar seu valor, de ser lembrado. Essa ânsia inata, que transformou guerreiros em reis e sonhadores em visionários, é o que chamamos de o espírito do conquistador.

A palavra *conquista* evoca imagens poderosas. Alexandre, o Grande, traçando rotas por terras desconhecidas; Ulisses, navegando mares revoltos em busca de seu retorno triunfante; até mesmo Prometeu, ousando roubar o fogo dos deuses para entregá-lo à humanidade. Essas figuras da mitologia e da história exemplificam o arquétipo do conquistador – aquele que não teme os desafios e é movido pelo propósito de alcançar o inalcançável.

No entanto, a conquista nunca é um ato solitário. Por trás de cada herói há uma jornada, e essa jornada é marcada por leis que se repetem ao longo das eras. Alexandre não dominou o mundo apenas com espadas; ele conquistou corações e mentes. Ulisses não sobreviveu apenas com força física, mas com astúcia e resiliência. Prometeu pagou um preço altíssimo pela sua audácia, mas sua ousadia transformou a humanidade. Esses exemplos nos mostram que conquistar não é apenas superar; é entender, liderar e inspirar.

Neste livro, as 14 Leis da Conquista foram desenhadas para capturar a essência desse caminho. Elas não são apenas regras; são princípios que ecoam na psicologia humana, na filosofia e na própria natureza da vida. Aqui, o conquistador moderno é chamado a refletir: o que significa, hoje, ser um líder, um visionário, um pastor de rebanhos que aspiram a algo maior?

O Conquistador e a Dualidade Humana

Freud nos falou sobre a eterna batalha entre o id e o superego – entre nossos impulsos primitivos e nossas aspirações morais. Jung, por sua vez, explorou os arquétipos que habitam nosso inconsciente coletivo, revelando que o herói, o caçador e o sábio coexistem em todos nós. O conquistador, então, não é apenas um líder; ele é uma síntese dessas forças internas. É aquele que domina seus instintos e os direciona para um propósito maior.

Na mitologia, vemos essa dualidade claramente representada. Hércules, o semideus da força, foi desafiado a cumprir 12 trabalhos que exigiam não apenas poder físico, mas inteligência, paciência e coragem moral. Da mesma forma, Aquiles, o herói invencível, sucumbiu à tragédia porque não compreendeu que a verdadeira conquista reside em liderar não apenas com poder, mas com sabedoria.

Esses heróis mitológicos são espelhos de nossas próprias jornadas. Para conquistar, precisamos equilibrar força e estratégia, ambição e empatia, ação e reflexão. Cada lei deste livro é um convite para explorar esses aspectos de maneira profunda e transformadora.

A Arte da Conquista

Se a primeira etapa da conquista é responder ao chamado, a segunda é dominar a arte. Conquistar não é um ato de força bruta, mas um exercício de precisão, como o arqueiro que dispara sua flecha ou o escultor que molda o mármore bruto. Aqui, a mitologia nos oferece outra figura poderosa: Dédalo, o artesão genial que criou o labirinto de Creta. Sua habilidade não estava apenas em construir, mas em entender o contexto, o propósito, a alma daquilo que criava.

No mundo moderno, o conquistador não é apenas um caçador; ele é também um estrategista. E a estratégia começa com a compreensão de que conquistar não é dominar, mas conectar. Sun Tzu, em *A Arte da Guerra*, nos ensina que "a suprema arte da guerra é subjugar o inimigo sem lutar." Na liderança, na vida, e nos negócios, essa lição é essencial. O verdadeiro líder não impõe; ele inspira. Não arranca; ele cultiva. Não destrói; ele transforma.

Ao longo da história, os maiores conquistadores foram aqueles que souberam transformar realidades. Gandhi conquistou sem erguer uma espada. Mandela liderou pela força do perdão. Esses exemplos modernos ecoam os ensinamentos dos filósofos antigos. Aristóteles nos lembra que o propósito final de toda ação humana é a *eudaimonia* – a realização plena, a felicidade sustentada por virtudes.

O conquistador, então, não busca apenas resultados externos. Ele busca impacto, legado, transformação. E, para isso, ele precisa seguir leis que transcendem o óbvio. Cada uma das 14 leis apresentadas neste livro é uma peça desse quebra-cabeça, projetada para transformar aspirantes em líderes, seguidores em visionários, e o comum no extraordinário.

Ao longo deste livro, você encontrará uma metáfora recorrente: a do pastor. O pastor é o líder arquetípico, aquele que guia seu rebanho, não com chicote, mas com propósito. Ele entende que sua missão é cuidar, inspirar, e, acima de tudo, servir. No mundo contemporâneo, ser pastor é liderar com autenticidade em meio a um oceano de superficialidade. É ser o farol em tempos de tempestade.

Mas ser pastor também é ser conquistador. É ter a coragem de traçar novos caminhos, de desafiar o status quo, de buscar o desconhecido. Essa dualidade – entre guiar e conquistar, entre proteger e transformar – é o cerne das 14 leis que você encontrará neste livro.

Cada capítulo, cada lei, é um convite para que você, leitor, assuma seu papel como pastor e conquistador. Não importa se você lidera uma empresa, uma equipe, ou sua própria vida. O chamado é o mesmo: guiar com propósito, conquistar com alma, e inspirar com autenticidade.

Assim como Hércules enfrentou seus 12 trabalhos, você será desafiado a refletir, aprender e agir. Porque, no final, a verdadeira conquista não está no que alcançamos, mas no que nos tornamos ao longo do caminho.

Que esta introdução seja o primeiro passo de sua jornada. Que as 14 leis sejam não apenas um guia, mas um espelho para o líder que você já é – e para o líder que ainda está se formando. A estrada à frente é desafiadora, mas cheia de possibilidades. E, como todo grande pastor e conquistador, você não estará sozinho. Afinal, a jornada nunca é apenas sobre o destino, mas sobre quem você se torna ao caminhar.

Capítulo 1
O INSTINTO DE CONQUISTAR

Desde que o mundo é mundo, a conquista representava mais do que uma questão de sobrevivência; era a força motriz que moldava a evolução da espécie. Para o homem primitivo, conquistar significava garantir o básico: comida, abrigo e segurança. Essa busca incessante pelo controle do ambiente ao redor marcava a linha tênue entre a vida e a morte, onde a luta constante contra a imprevisibilidade da natureza exigia não apenas força, mas engenhosidade. O conceito de essencialidade, no entanto, é fluido. O que era indispensável para o ser humano de outrora já não o é para os habitantes do mundo contemporâneo.

No início, a humanidade era movida pela satisfação de necessidades básicas – alimento para sustentar o corpo, o calor do fogo contra o frio inclemente e o abrigo que protegia de predadores. Esse modelo arquetípico de conquista encontra eco na hierarquia de necessidades proposta por Abraham Maslow. No fundamento de sua pirâmide, junto às necessidades fisiológicas, está a busca por segurança – o anseio primordial que impulsionou as primeiras interações sociais organizadas e deu os primeiros contornos às conquistas comunitárias.

Com o passar do tempo, a conquista transcendeu a relação entre o homem e a natureza e se voltou para a dinâmica entre os próprios seres humanos. O domínio sobre o outro tornou-se a nova fronteira. As primeiras sociedades agrárias começaram a consolidar o poder pelo controle de recursos essenciais, como terras férteis e fontes de água. Esse movimento marcou o surgimento de conflitos territoriais e disputas por hegemonia. Foi nesse contexto que as primeiras cidades-estado, como Ur e Babilônia, emergiram, simbolizando uma transição fundamental: a conquista deixou de ser um esforço individual e tornou-se um projeto coletivo, moldado pela força e pela estratégia.

Essa evolução ilustra a plasticidade da conquista ao longo do tempo, um conceito que se adapta e ressignifica à medida que o ser humano encontra novas necessidades, desafios e oportunidades.

À medida que as civilizações se desenvolveram, o essencial mudou. Passou-se a buscar o reconhecimento, o legado e a autoridade. Grandes líderes como Ramsés II ou Ciro, o Grande, não apenas expandiram seus territórios, mas também criaram narrativas em torno de suas conquistas. Ramsés II, por exemplo, eternizou sua vitória na Batalha de Kadesh com enormes gravuras e monumentos que declaravam sua superioridade, mesmo que os registros mostrem um resultado inconclusivo. Esse ato de "conquista simbólica" é uma técnica de persuasão que transcende o tempo, moldando percepções independentemente da realidade.

Na era medieval, as conquistas adquiriram outro significado: o controle ideológico. A religião tornou-se uma força dominante, e as cruzadas exemplificaram como a conquista se expandiu para o domínio da mente e da fé. Não se tratava apenas de terras, mas de corações e mentes.

Avançando para o mundo contemporâneo, as conquistas assumiram um caráter altamente personalizado. Em um mundo onde muitas necessidades básicas já estão atendidas, o essencial se transformou no intangível: felicidade, propósito e realização. Viktor Frankl, em sua obra *Em Busca de Sentido*, argumenta que a maior conquista de um ser humano não é material, mas existencial. Ele coloca que "o homem é movido pela busca de um propósito maior do que ele mesmo." Para Frankl, até nos momentos mais sombrios – como nos campos de concentração nazistas –, o impulso de encontrar significado era o que separava os que resistiam dos que sucumbiam.

Hoje, conquistar pode significar coisas completamente diferentes para cada indivíduo. Para alguns, é a realização de um projeto inovador. Para outros, é um esforço para criar uma vida balanceada entre trabalho e família. No entanto, o impulso por trás dessas conquistas – o desejo de ir além – continua tão poderoso quanto na pré-história.

Alexandre, o Grande, permanece como uma das figuras mais emblemáticas da história, um conquistador cuja ambição transcendia o desejo de riqueza ou domínio territorial. Nascido na Macedônia em 356 a.C., ele cresceu sob a influência de um pai guerreiro, Filipe II, e de um mentor filósofo, Aristóteles. Essa combinação única de treinamento militar e educação filosófica moldou Alexandre como um líder que não apenas comandava exércitos, mas também possuía uma visão de mundo muito além do comum para sua época.

Para Alexandre, ser rei da Macedônia não era suficiente. Ele via o mundo como um palco de possibilidades infinitas, onde culturas, tradições e territórios poderiam ser unificados sob um único domínio. Aos 20 anos, ele assumiu o trono após o assassinato de seu pai. Em poucos anos, liderou um exército que não apenas derrotou o poderoso Império Persa, mas também expandiu seu reinado até os confins do mundo conhecido, abrangendo territórios que iam da Grécia ao Egito, da Mesopotâmia à Índia.

Mais do que um guerreiro, Alexandre era um estrategista visionário. Ele entendia que a conquista não era apenas sobre batalhas vencidas, mas sobre o legado deixado. Por onde passava, ele fundava cidades que carregavam seu nome, como Alexandria, no Egito, que se tornaria um dos maiores centros de conhecimento do mundo antigo. Em suas campanhas, ele não apenas subjugava povos, mas incentivava a fusão cultural, promovendo casamentos entre seus soldados e mulheres locais e adotando elementos das culturas que conquistava.

O que movia Alexandre não era o simples desejo de domínio, mas uma ambição transcendente: ser lembrado como o unificador do mundo. Ele via a diversidade cultural não como uma barreira, mas como uma força que poderia ser harmonizada sob uma liderança comum. Embora sua vida tenha sido curta – morreu aos 32 anos –, o impacto de suas ações foi imenso. Ele deixou um legado de integração cultural, inovações em estratégias militares e um ideal de grandeza que ecoa até os dias de hoje.

Se Alexandre buscava unificar o mundo, a Corrida Espacial representava a tentativa de transcender os limites da Terra. Na década de 1960, em meio à Guerra Fria, os Estados Unidos e a União Soviética encontraram no espaço um novo campo de batalha ideológica. A corrida para alcançar as estrelas era mais do que uma disputa tecnológica – era uma demonstração de poder, resiliência e visão de futuro.

Em 1957, a União Soviética lançou o Sputnik, o primeiro satélite artificial, marcando o início dessa corrida. Para os americanos, o evento foi um alerta: se os soviéticos podiam colocar um objeto no espaço, poderiam também dominar os céus com mísseis intercontinentais. Essa percepção alimentou uma onda de investimentos em ciência e tecnologia nos Estados Unidos, levando à criação da NASA e ao desenvolvimento de programas espaciais ambiciosos.

Em 1961, os soviéticos alcançaram outro marco: Yuri Gagarin tornou-se o primeiro humano a viajar ao espaço, orbitando a Terra. Mas os americanos estavam determinados a ultrapassá-los. Em 1962, o presidente John F. Kennedy anunciou a meta de enviar um homem à Lua e trazê-lo de volta em segurança antes do final da década. Era um objetivo quase impossível, mas que galvanizou uma geração inteira de cientistas, engenheiros e sonhadores.

Em 20 de julho de 1969, o sonho tornou-se realidade. A missão Apollo 11, liderada por Neil Armstrong, pousou na superfície lunar. Quando Armstrong deu seu primeiro passo na Lua, suas palavras – "Um pequeno passo para o homem, um salto gigante para a humanidade" – ecoaram pelo mundo, simbolizando a capacidade humana de superar barreiras aparentemente intransponíveis.

A Corrida Espacial não foi apenas uma conquista tecnológica, mas uma vitória da imaginação e da determinação humana. Mais do que competir, ela inspirou gerações a olhar para o céu e se perguntar: "O que vem a seguir?" Hoje, enquanto a exploração de Marte e o turismo espacial se tornam realidades, o espírito da Corrida Espacial continua a nos motivar a alcançar o impossível.

No mundo contemporâneo, a inovação tecnológica substituiu os territórios físicos como o principal campo de conquista. O Vale do Silício, na Califórnia, emergiu como o epicentro dessa nova era, onde empresas como Apple, Tesla e Google lideram uma revolução que redefine o que é essencial para a humanidade.

Na década de 1970, o Vale do Silício era pouco mais do que uma coleção de empresas de hardware e eletrônicos. Mas a visão de pioneiros como Steve Jobs e Bill Gates transformou a região em um polo de inovação. A fundação da Apple, em 1976, marcou o início de uma nova era, onde a tecnologia não era apenas uma ferramenta, mas uma extensão da criatividade e do potencial humano.

Steve Jobs, em particular, exemplificou o espírito de conquista do Vale. Para ele, a Apple não vendia produtos, mas ideias. Ele não queria apenas fabricar computadores – queria mudar a maneira como as pessoas interagiam com o mundo. Com o lançamento do iPhone em 2007, Jobs não apenas revolucionou a tecnologia, mas também moldou a cultura global, tornando o smartphone uma necessidade básica.

Da mesma forma, Elon Musk e a Tesla redefiniram o conceito de mobilidade sustentável, enquanto o Google transformou a informação em um recurso acessível a todos. No Vale do Silício, a conquista é movida pela inovação contínua, pela busca por soluções para problemas globais e pela visão de um futuro mais conectado e eficiente.

O que torna o Vale do Silício único é sua capacidade de atrair mentes brilhantes de todo o mundo, criando um ambiente onde ideias podem florescer. Lá, o essencial não é um recurso natural ou um território físico, mas a capacidade de sonhar grande e executar com precisão.

Embora exemplos grandiosos inspirem, é nas pequenas conquistas que a maior parte das pessoas vive o chamado. Superar um medo, aprender uma nova habilidade ou se conectar profundamente com outra pessoa são exemplos de conquistas individuais que carregam o mesmo DNA das grandes transformações históricas. Como um tijolo que constrói uma catedral, essas pequenas vitórias compõem as fundações de uma vida de significado.

A história da conquista é a história de nossa evolução. Seja dominando um ambiente hostil, moldando sociedades ou explorando novos horizontes, o impulso humano por conquistar é um reflexo de nossa essência. Compreender essa trajetória nos prepara para identificar os chamados que ressoam em nossas vidas. Afinal, cada indivíduo, em sua jornada única, também escreve capítulos na grande história da conquista.

Assumir o controle em qualquer situação exige mais do que força ou conhecimento. Trata-se de uma habilidade que combina comunicação eficaz, leitura do ambiente e domínio emocional. O verdadeiro poder está em conduzir os outros sem que eles percebam que estão sendo conduzidos, estabelecendo um equilíbrio sutil entre confiança e influência.

A maneira como você se apresenta é o primeiro passo para assumir o controle. A postura, por exemplo, desempenha um papel fundamental. Manter os ombros alinhados e a cabeça erguida não apenas transmite autoridade, mas também reforça internamente sua confiança. Essa postura expansiva reduz o estresse e eleva a sensação de controle, criando uma base sólida para liderar qualquer interação.

A linguagem corporal complementa essa presença. Movimentos controlados e precisos comunicam calma e domínio, enquanto gestos abruptos ou nervosos podem minar a percepção de autoridade. O contato visual, por sua vez, é um dos elementos mais poderosos da comunicação. Um olhar firme, mas não invasivo, estabelece conexão e transmite a mensagem de que você está no comando.

A comunicação verbal, quando bem usada, é outra ferramenta decisiva. O tom de voz e o ritmo com que as palavras são pronunciadas exercem um impacto direto sobre a percepção do outro. Um tom firme, mas sem agressividade, combinado com pausas estratégicas, captura a atenção do interlocutor e mantém o controle da dinâmica. As pausas, em particular, são essenciais: um silêncio bem posicionado pode ser mais eficaz do que uma resposta rápida, forçando o outro lado a preencher o vazio, muitas vezes revelando mais do que pretendia.

A escolha das palavras também é crucial. Frases curtas e assertivas, como "Vamos seguir por esse caminho agora", demonstram clareza e liderança, enquanto expressões vagas ou hesitantes, como "Talvez possamos tentar isso", enfraquecem sua posição. Saber o que dizer e como dizer cria uma impressão de domínio que dificilmente será contestada.

Além da comunicação, o controle exige antecipação e preparação. Estar atento ao ambiente é essencial para ajustar a abordagem. Pequenos sinais, como a expressão facial ou o tom emocional do interlocutor, fornecem informações valiosas que podem ser usadas a seu favor. Planejar diferentes cenários antes de uma interação importante aumenta sua capacidade de responder a qualquer situação com confiança e clareza.

O controle mais eficaz, no entanto, é aquele que não parece controle. Grandes líderes e negociadores sabem como oferecer escolhas limitadas que direcionam o outro para os resultados desejados. Por exemplo, perguntar "Prefere começar com a opção A ou B?" cria a ilusão de liberdade, embora ambas as opções já tenham sido projetadas para atender aos seus objetivos. Essa abordagem, combinada com a validação do ponto de vista do outro – "Entendo sua perspectiva, mas permita-me apresentar outra possibilidade" – cria uma dinâmica de colaboração enquanto você permanece no comando.

Por exemplo, o "Efeito Pastor" é uma das técnicas mais antigas e poderosas de conexão com o público. Embora muitas vezes associado a contextos religiosos, ele transcende qualquer segmento, sendo amplamente utilizado em discursos, vendas e marketing. A essência dessa técnica está na criação de um senso de pertencimento e exclusividade, utilizando mensagens amplas e genéricas, mas que, estatisticamente, ressoam com uma parcela significativa do público.

Imagine uma igreja com mil membros reunidos em um culto. O pastor – que neste caso funciona também como um hábil hipnotizador – declara: "Eu sinto que tem alguém aqui com dor de cabeça." Essa frase, aparentemente específica, é incrivelmente abrangente. Estatisticamente, em um grupo de mil pessoas, é altamente provável que algumas delas estejam realmente com dor de cabeça naquele momento. Ele continua: "Eu sinto que tem alguém aqui que está precisando de oração por problemas financeiros." Essa afirmação, ainda mais genérica, atinge um número maior de pessoas, pois, especialmente em um país como o Brasil, dificuldades financeiras são um tema universal. Mesmo em países com economias mais estáveis, o desejo por melhorias financeiras é quase sempre uma constante.

O mesmo ocorre com a frase: "Eu sinto que tem alguém aqui com dor nas costas." Problemas relacionados à coluna são tão comuns que uma declaração como essa sempre encontrará ressonância em um grupo grande. Esse tipo de discurso cria, em cada indivíduo que se identifica com as palavras, a sensação de que a mensagem foi direcionada exclusivamente a ele. A conexão emocional que se forma é tão poderosa que muitas pessoas saem convencidas de que o pastor "leu seus pensamentos" ou "sentiu sua energia".

Essa técnica não é exclusiva de púlpitos religiosos. Ela está profundamente enraizada nas estratégias de marketing, onde é utilizada para criar pertencimento e engajamento. O objetivo é fazer com que o público sinta que a mensagem foi feita sob medida para ele, mesmo que seja genérica o suficiente para atingir uma audiência ampla.

Um exemplo claro está em propagandas de serviços financeiros. Mensagens como "Está na hora de tomar o controle das suas finanças!" ou "Você merece um futuro melhor" funcionam de maneira semelhante ao Efeito Pastor. Essas frases são genéricas o suficiente para se aplicarem a quase qualquer pessoa, mas carregam uma linguagem emocional que cria identificação.

Referências de marketing apontam para o uso frequente dessa técnica na personalização de mensagens, especialmente em campanhas de e-mail ou anúncios digitais. Segundo Seth Godin, autor de *This is Marketing*, "as pessoas querem ser vistas e ouvidas; o trabalho do marketing é fazê-las sentirem-se compreendidas." Essa sensação de compreensão é muitas vezes alcançada com mensagens amplas, mas que tocam em emoções ou necessidades universais.

Suponha que você esteja negociando com um grupo de investidores. Durante a apresentação, você diz: "Eu sei que muitos de vocês estão buscando uma forma de diversificar seus investimentos e garantir maior segurança financeira." Essa frase, assim como no exemplo do pastor, é genérica, mas altamente eficaz. Diversificação e segurança são preocupações quase universais entre investidores, e alguém na audiência certamente se sentirá diretamente conectado à mensagem. Esse sentimento de pertencimento abre espaço para uma comunicação mais fluida e para a construção de confiança.

O Efeito Pastor é amplamente explorado no marketing digital, especialmente em anúncios segmentados e campanhas de e-mail. Por exemplo, um anúncio que diz "Você sabia que empreendedores como você podem aumentar seus lucros em até

20% com esta estratégia simples?" utiliza a mesma lógica. A frase "empreendedores como você" é genérica, mas cria um laço psicológico com quem lê, fazendo-o sentir que a mensagem foi feita exclusivamente para ele.

Em plataformas como Facebook ou Instagram, o uso de dados de segmentação permite que essas mensagens genéricas sejam ajustadas a grupos específicos, amplificando ainda mais sua eficácia. Apesar disso, a base da técnica permanece a mesma: apelar para emoções ou necessidades amplamente compartilhadas.

O sucesso do Efeito Pastor é explicado pela psicologia social. Estudos mostram que as pessoas têm uma necessidade inata de pertencimento, conforme descrito pela Teoria da Necessidade de Pertencimento de Baumeister e Leary (1995). Essa teoria afirma que os seres humanos procuram incessantemente conexões significativas e reconhecimento dentro de grupos sociais. Quando uma mensagem evoca essa sensação de pertencimento, ela ativa os mesmos mecanismos emocionais associados à aceitação e validação social.

Embora o Efeito Pastor seja incrivelmente eficaz, ele deve ser usado com cautela. Mensagens excessivamente genéricas podem soar artificiais ou até manipuladoras se o público perceber que o emissor está apelando apenas para a emoção sem oferecer conteúdo genuíno. Para evitar isso, é importante balancear o tom amplo com detalhes que reforcem a autenticidade.

Por exemplo, em um contexto de marketing, ao invés de apenas dizer "Você pode transformar sua vida financeira," a mensagem pode ser ajustada para incluir um exemplo real: "Milhares de pessoas, como o João da Silva de São Paulo, já conseguiram transformar suas vidas financeiras com esta estratégia."

O Efeito Pastor é uma técnica atemporal que explora as necessidades humanas de pertencimento e reconhecimento. Usada de forma ética e estratégica, ela pode criar conexões profundas e duradouras, seja em um discurso, negociação ou campanha de marketing. Ao compreender e aplicar esse princípio, você não apenas se comunica de forma mais eficaz, mas também estabelece um vínculo emocional que é a base de toda conquista.

Assumir o controle é tanto uma arte quanto uma ciência. Ele não se baseia na imposição ou agressividade, mas na capacidade de liderar com confiança, comunicação habilidosa e antecipação. Quem domina a narrativa não apenas conduz o jogo, mas também molda os resultados a seu favor.

Capítulo 2
A Psicologia da Conquista

Conquistar é mais do que um ato; é uma experiência que molda o comportamento humano. Em cada vitória, por menor que seja, um mecanismo biológico profundo entra em ação, ativando uma resposta no cérebro que nos motiva a ir além. No centro desse processo está a dopamina, o neurotransmissor que transforma intenção em ação, desejo em determinação e metas em realizações. Mais do que apenas uma substância química, a dopamina é o motor invisível por trás de nossas ambições.

Imagine um caçador na savana primitiva, oculto entre arbustos, observando sua presa com atenção absoluta. Ele mal respira, seus movimentos são calculados, silenciosos. Sua mente está focada, guiada por uma pulsão interna que transcende o mero ato de sobrevivência. Quando a lança atinge o alvo, uma onda de satisfação percorre seu corpo, uma sensação tão poderosa que o motiva a repetir o ato no futuro. Essa resposta não acontece por acaso; é o cérebro recompensando a antecipação e o sucesso, reforçando comportamentos que aumentam as chances de sobrevivência. Hoje, embora raramente cacemos para comer, a dopamina continua a nos mover em direção às nossas conquistas, sejam elas um projeto inovador, uma promoção no trabalho ou até mesmo o domínio de uma nova habilidade.

O impacto da dopamina não está apenas no momento da conquista, mas na expectativa que ela gera. Quando nos comprometemos com uma meta, o cérebro começa a liberar pequenas doses desse neurotransmissor ao longo do caminho, alimentando nossa motivação. Pense em uma maratona. O atleta não sente satisfação apenas ao cruzar a linha de chegada; cada quilômetro superado, cada momento de resistência ao cansaço, é marcado por pequenas vitórias que mantêm o ímpeto. Da mesma forma, no mundo corporativo, o fechamento de um grande contrato é apenas o clímax. A verdadeira excitação está nos momentos que o antecedem: a reunião inicial, a resposta positiva de um cliente, a preparação estratégica. Cada um desses momentos libera dopamina, tornando o processo tão recompensador quanto o resultado.

É fascinante observar como esse sistema se adapta a diferentes contextos. Em negociações, por exemplo, o sentimento de controle, de estar "no comando" da situação, ativa a mesma sensação de antecipação. Assim como o caçador observa e ajusta sua estratégia com base no comportamento da presa, o negociador experiente mede palavras, controla pausas e reage com precisão. Cada movimento bem-sucedido reforça a crença de que a vitória é iminente, e essa antecipação, alimentada pela dopamina, mantém a mente afiada e o foco inabalável.

No entanto, a dopamina não é apenas um motor biológico; ela está no coração das grandes histórias de conquista. Pense em Alexandre, o Grande. Para ele, cada território conquistado não era apenas um triunfo militar, mas uma confirmação de sua visão como líder e estrategista. Cada vitória gerava um ímpeto que o levava mais longe, alimentado pela crença de que ele estava destinado a unificar o mundo. Esse ciclo de recompensa e ação moldou sua trajetória, e o mesmo princípio está presente em nossas vidas, mesmo que em escalas menores.

O mais interessante sobre esse mecanismo é como ele se aplica a diferentes tipos de conquistas. Para alguns, é o impulso de resolver problemas complexos que ativa o sistema de recompensa; para outros, é o domínio de uma habilidade criativa ou o simples ato de completar uma tarefa importante. A dopamina transforma desafios em oportunidades, alimentando o desejo de continuar, de ir além.

Por isso, aqueles que conseguem enxergar progresso, mesmo em pequenos passos, experimentam uma motivação constante, enquanto aqueles que buscam apenas resultados imediatos frequentemente se sentem estagnados.

Voltando ao caçador, há algo a aprender em sua abordagem. Ele não corre, não age impulsivamente. Sua força está na atenção, na paciência e no controle. Ele sabe que cada movimento importa e que a antecipação é tão vital quanto o ato em si. Essa metáfora é aplicável a praticamente todos os aspectos da vida moderna, desde projetos profissionais até objetivos pessoais. Quem aprende a valorizar o processo, a encontrar significado em cada etapa, acaba experimentando um impulso constante, uma fonte de energia que parece inesgotável.

Há também um lado mais profundo nessa relação entre conquista e dopamina. Segundo Viktor Frankl, o autor de *Em Busca de Sentido*, as maiores motivações humanas não vêm de recompensas externas, mas da busca por propósito. Quando alinhamos nossas conquistas com algo que consideramos significativo, o sistema de recompensa do cérebro responde de forma ainda mais intensa. Não se trata apenas de alcançar, mas de sentir que cada passo vale a pena. Frankl ilustra isso de maneira tocante ao descrever como, mesmo em circunstâncias extremas, como nos campos de concentração nazistas, aqueles que encontravam sentido em seus atos eram capazes de resistir e persistir.

O papel da dopamina, nesse contexto, é tanto químico quanto simbólico. Ela nos lembra que o caminho para a conquista é feito de pequenas vitórias e que cada uma delas nos aproxima de algo maior. Quando compreendemos e respeitamos esse mecanismo, conseguimos direcioná-lo para metas que realmente importam, construindo uma trajetória que não é apenas bem-sucedida, mas também significativa.

Este é o segredo da conquista: não apenas o momento do triunfo, mas o processo, a jornada que alimenta nossa motivação e molda quem somos. Quando aprendemos a trabalhar com nosso cérebro, em vez de contra ele, cada desafio se torna uma oportunidade e cada progresso, uma celebração. Afinal, não é apenas o que conquistamos que importa, mas como o fazemos e o que isso nos ensina ao longo do caminho.

Se o sistema de dopamina é o motor que impulsiona as conquistas, então o que diferencia aqueles que continuam avançando daqueles que desistem no meio do caminho? A resposta está em como cada indivíduo percebe e utiliza esse sistema em sua jornada. O segredo não está apenas na recompensa final, mas em como cada etapa do processo é percebida e celebrada. A ciência e a psicologia mostram que pessoas que reconhecem e se permitem comemorar pequenos avanços liberam mais dopamina ao longo do caminho, mantendo-se motivadas.

Agora, pense em um exemplo simples e cotidiano: o aprendizado de uma nova habilidade. Imagine alguém que decide aprender a tocar piano. No início, as mãos se movem de forma descoordenada, e as notas parecem mais um barulho do que música. Mas, ao dominar uma escala básica ou tocar uma sequência de acordes, o cérebro libera uma dose de dopamina. É uma validação interna, uma recompensa que diz: "Você está no caminho certo." Essa sensação é o que mantém o aprendiz voltando ao piano, dia após dia, até que, eventualmente, ele consiga executar uma peça completa. Essa progressão – de uma escala simples a uma música inteira – reflete exatamente como o sistema de dopamina funciona.

Essa dinâmica não se limita a realizações individuais. Em uma equipe ou organização, líderes eficazes sabem como usar o mesmo princípio para inspirar outros. Eles estabelecem metas claras e tangíveis, dividem objetivos maiores em passos menores e reconhecem o progresso em cada etapa. Considere um gerente de vendas que, ao invés de focar apenas na meta final do trimestre, celebra marcos menores, como o número de chamadas realizadas ou o volume de novos leads gerados em uma semana. Essa abordagem não apenas mantém a equipe motivada, mas também cria uma sensação de realização contínua, que alimenta o desejo de alcançar mais.

Há, no entanto, uma linha tênue entre o uso saudável desse sistema e o risco de desgaste. Se o caçador na savana age com calma e precisão, o predador impulsivo corre o risco de exaurir suas forças antes de alcançar o objetivo. Na vida moderna, isso se traduz no fenômeno da "fadiga de recompensas". Quando alguém busca constantemente validação externa ou tenta alcançar metas de forma compulsiva, o sistema de dopamina pode se tornar sobrecarregado, levando à exaustão emocional e à perda de motivação. Isso ressalta a importância de alinhar as conquistas com valores pessoais e objetivos significativos, para que a jornada tenha propósito, e não apenas resultados.

Outra dimensão fascinante da dopamina é seu papel na resiliência. Quando enfrentamos desafios ou contratempos, o sistema de recompensa pode ser uma fonte de força ou uma barreira, dependendo de como reagimos. Pessoas que conseguem reavaliar situações difíceis, encontrar um aprendizado no fracasso e redefinir suas metas experimentam um ciclo de recompensa renovado, que as motiva a seguir em frente. É o que separa aqueles que veem os obstáculos como oportunidades de crescimento daqueles que se deixam paralisar.

Um exemplo poderoso disso pode ser encontrado nas histórias de empreendedores que enfrentaram falências ou rejeições iniciais, mas continuaram perseguindo suas visões. Steve Jobs, por exemplo, foi demitido da própria empresa que fundou, mas usou essa experiência para criar novas ideias e eventualmente retornar à Apple com uma visão mais forte. Sua capacidade de encontrar significado em momentos difíceis e de redefinir seus objetivos transformou contratempos em combustível para novas conquistas. Esse é o poder da dopamina em ação: não apenas um reforço para o sucesso, mas um sistema que nos ajuda a navegar pelas incertezas e a encontrar motivação mesmo nas adversidades.

Se voltarmos à metáfora da caça, o caçador bem-sucedido não se frustra com os dias em que não encontra uma presa. Ele entende que cada momento de espera, cada observação do ambiente, faz parte de um ciclo maior. O mesmo vale para qualquer jornada de conquista. Nem todas as tentativas serão bem-sucedidas, mas cada passo, mesmo aqueles que parecem insignificantes, contribui para o progresso geral. É essa visão que separa o amador do mestre, o impulsivo do estrategista.

O Efeito Pastor também se encaixa perfeitamente aqui. Ao criar uma narrativa que se conecta com os desafios e desejos universais de seu público, você ativa o mesmo sistema de recompensa, criando pertencimento e motivação. Por exemplo, ao dizer: "Sei que muitos de vocês sentem que estão enfrentando barreiras difíceis agora, mas cada pequena vitória está construindo algo muito maior", você não apenas reconhece o esforço das pessoas, mas também reforça a importância do progresso contínuo. Essa conexão emocional ativa a dopamina, alimentando o desejo de seguir em frente.

Conquistar não é apenas sobre o destino final. É sobre aprender a encontrar significado no processo, a celebrar cada pequeno passo e a alinhar seus esforços com algo maior do que você mesmo. Quando usamos o sistema de dopamina de maneira consciente e estratégica, transformamos até os desafios mais difíceis em oportunidades de crescimento e avanço. Assim como o caçador que aprende a apreciar a jornada, nos tornamos mestres não apenas em alcançar, mas em desfrutar e aprender ao longo do caminho.

O Impulso pelo Pertencimento e a Diferenciação

A conquista nunca é um ato isolado. Desde os tempos mais remotos, o ser humano esteve inserido em grupos sociais, e sua identidade foi moldada pelo delicado equilíbrio entre pertencer a esses grupos e se destacar dentro deles. Esse dualismo – o desejo de ser aceito e, ao mesmo tempo, ser único – é um dos principais motores por trás de nossas ambições e realizações.

Imagine a dinâmica de uma tribo primitiva. Para sobreviver, o indivíduo precisava pertencer. A caça, a proteção contra predadores e a reprodução dependiam de uma rede coletiva. O banimento do grupo era sinônimo de morte. No entanto, mesmo dentro desse sistema, sempre houve aqueles que buscavam se destacar – os caçadores mais habilidosos, os líderes mais fortes, os curandeiros mais sábios. Esse desejo de ser "mais" não era apenas uma questão de ego; era também uma estratégia de sobrevivência. Aqueles que se diferenciavam garantiam maior acesso a recursos e melhores chances de transmitir seus genes.

Essa dualidade persiste até hoje, moldando nossas escolhas e comportamentos. Pense em qualquer ambiente moderno – um escritório, uma sala de aula, um círculo de amigos. O pertencimento é essencial para o bem-estar emocional. Estar conectado a um grupo oferece apoio, validação e uma sensação de segurança. No entanto, o desejo de se destacar dentro desse grupo é igualmente poderoso. Queremos ser lembrados, admirados, valorizados. E é exatamente esse equilíbrio que impulsiona nossas conquistas.

No mundo corporativo, por exemplo, o desejo de pertencimento pode levar um funcionário a alinhar-se com os valores e objetivos da empresa, enquanto a necessidade de diferenciação o motiva a buscar promoções ou apresentar ideias inovadoras. Essa tensão saudável entre conformidade e singularidade é o que impulsiona o progresso, tanto individual quanto coletivo.

Essa busca por pertencimento e diferenciação não é apenas psicológica; ela também está profundamente enraizada em nossa biologia. Estudos mostram que a exclusão social ativa as mesmas áreas do cérebro que a dor física. Isso explica por que a aceitação é tão importante para nós. Por outro lado, a dopamina – que vimos no tema anterior – desempenha um papel crucial na recompensa associada à diferenciação. Quando nos destacamos ou recebemos reconhecimento, nosso cérebro interpreta isso como uma validação de nosso valor, reforçando o comportamento.

No entanto, essa busca pode se complicar quando o equilíbrio é perdido. O desejo excessivo de pertencer pode levar à conformidade cega, enquanto a necessidade descontrolada de se diferenciar pode resultar em isolamento ou conflitos. A chave, como em muitos aspectos da vida, está no equilíbrio. Ser parte de algo maior sem perder sua identidade individual é o ideal que muitos buscam, mas poucos alcançam.

Um exemplo contemporâneo dessa dinâmica pode ser encontrado nas redes sociais. Elas representam o auge do pertencimento e da diferenciação. As pessoas compartilham suas vidas para se conectarem com os outros, mas também moldam cuidadosamente suas postagens para destacar suas conquistas, suas opiniões ou suas experiências únicas. Cada curtida, comentário ou compartilhamento é uma validação tanto de sua conexão com o grupo quanto de sua singularidade dentro dele.

Histórias de grandes líderes e visionários frequentemente exemplificam essa dualidade. Abraham Lincoln, por exemplo, buscava a união de uma nação dividida – um ato de pertencimento em escala nacional. No entanto, suas ações e decisões ousadas, que frequentemente iam contra o consenso, destacaram-no como um líder único e inigualável. Ele não apenas pertencia ao momento histórico, mas também o moldou, tornando-se um exemplo eterno de como equilibrar esses dois impulsos.

Na vida cotidiana, o pertencimento e a diferenciação aparecem em momentos pequenos, mas significativos. Pense em um jantar em família. Há um desejo de se conectar com todos, de compartilhar histórias e experiências comuns. Mas também há um momento em que alguém quer contar algo único – talvez uma realização, uma nova ideia ou uma experiência marcante. Esse equilíbrio de ouvir e ser ouvido, de compartilhar e se destacar, reflete a dinâmica que tem nos acompanhado desde os primórdios da humanidade.

No campo das negociações e conquistas profissionais, o entendimento dessa dualidade é uma poderosa ferramenta. Saber quando alinhar-se aos outros para criar conexão e quando se destacar para ser notado pode ser a diferença entre sucesso e mediocridade. Grandes negociadores sabem como construir rapport – aquele senso de pertencimento e confiança mútua – antes de apresentar um argumento que os diferencia como solução única para o problema.

A conquista, portanto, não é apenas sobre o que você alcança, mas sobre como você equilibra esses dois impulsos fundamentais. Pertencer nos conecta à humanidade; nos diferencia, destaca nossa singularidade. Juntos, eles formam a base de quem somos e de quem aspiramos ser.

Como o Ambiente Social Molda as Ambições Individuais

O ambiente social é como um palco em constante transformação, onde cada indivíduo desempenha papéis influenciados por fatores externos e internos. Desde os primórdios, o meio em que vivemos tem moldado nossas ambições, determinando o que valorizamos, o que desejamos e o que consideramos uma conquista. O homem primitivo, por exemplo, cresceu em tribos onde a sobrevivência dependia do trabalho coletivo, mas onde o reconhecimento pessoal também era fundamental. Aqueles que eram mais habilidosos na caça ou na proteção do grupo eram vistos como líderes, estabelecendo um padrão de status que, de certa forma, ainda persiste.

Hoje, embora nossos desafios sejam diferentes, a lógica do ambiente como fator modelador permanece. Imagine um jovem crescendo em um bairro urbano marcado pela competitividade acadêmica e profissional. Nesse cenário, o sucesso é frequentemente medido pelo desempenho em provas, pela entrada em universidades de prestígio e pela capacidade de alcançar uma carreira de destaque. O ambiente, nesse caso, ensina que a conquista está diretamente ligada ao mérito acadêmico. Por outro lado, em uma comunidade rural, onde os valores podem estar mais conectados ao coletivo e à preservação da terra, as ambições podem se alinhar mais com a sustentabilidade e a continuidade dos recursos familiares. Esses exemplos mostram que, muitas vezes, o que consideramos essencial para conquistar é ditado pelo contexto em que vivemos.

A influência do ambiente social vai além do que valorizamos; ele também define as oportunidades que percebemos como disponíveis. Na década de 1960, por exemplo, a Corrida Espacial foi uma expressão do ambiente social e político da época. Crescendo em um mundo dividido pela Guerra Fria, cientistas e engenheiros nos Estados Unidos e na União Soviética foram incentivados a olhar para as estrelas, literalmente. As nações estavam determinadas a demonstrar sua superioridade tecnológica, e esse ambiente gerou uma das maiores ambições da humanidade: chegar à Lua. Sem esse contexto de rivalidade e progresso tecnológico, talvez o espaço não fosse visto como uma prioridade.

Outro exemplo pode ser encontrado no Vale do Silício, que se tornou um verdadeiro ecossistema de inovação. Lá, o ambiente social é construído em torno de empreendedorismo, risco calculado e disrupção tecnológica. Pessoas que entram nesse espaço imediatamente absorvem esses valores, e as ambições individuais passam a refletir o ethos coletivo. Não é coincidência que tantas startups bem-sucedidas surgem da região. O ambiente molda não apenas o que é desejado, mas também o que é considerado possível.

No entanto, o ambiente social não é um ditador absoluto; ele também pode ser desafiado. Grandes conquistadores muitas vezes foram aqueles que enxergaram além das limitações impostas pelo seu contexto. Pense em figuras como Rosa Parks, cuja recusa em ceder seu assento em um ônibus segregado desafiou as normas sociais da época e desencadeou mudanças profundas. Seu ato de conquista pessoal foi impulsionado por um desejo de justiça que transcendeu o ambiente restritivo em que vivia.

Essa tensão entre adaptação e resistência ao ambiente é um elemento-chave no processo de conquista. Às vezes, o meio nos inspira e nos empurra para o sucesso, fornecendo os recursos e os estímulos necessários. Em outras ocasiões, ele nos desafia, exigindo resiliência e criatividade para superar barreiras. É por isso que pessoas de origens aparentemente similares podem seguir caminhos tão diferentes: enquanto algumas abraçam os valores e oportunidades oferecidos pelo ambiente, outras encontram formas de redirecioná-los ou transcendê-los.

No dia a dia, essa influência é visível em nossas interações mais simples. Considere um funcionário novo em uma empresa. No início, ele observa os comportamentos e valores do ambiente para entender o que é esperado. Se o ambiente celebra inovação e colaboração, ele provavelmente buscará formas de contribuir criativamente. Por outro lado, se a cultura organizacional valoriza hierarquia rígida e conformidade, suas ambições podem se ajustar para se alinhar a essas normas. Nesse processo, o ambiente social atua tanto como um guia quanto como um molde, modelando suas aspirações.

Embora o ambiente social exerça um impacto significativo, é importante lembrar que ele não é fixo. Somos, ao mesmo tempo, produtos e criadores do meio em que vivemos. Pequenas mudanças em nossa atitude e ações podem ter efeitos transformadores no ambiente e, por extensão, nas ambições de outros. Pense em líderes que, ao desafiar padrões ultrapassados, criaram espaços onde novas possibilidades floresceram. Eles mostram que a conquista não é apenas um reflexo do ambiente, mas também uma forma de moldá-lo para refletir nossa visão.

Compreender a interação entre indivíduo e ambiente social é essencial para qualquer jornada de conquista. Saber quando adaptar-se, quando resistir e quando transformar o meio ao redor é o que diferencia os conquistadores que deixam sua marca daqueles que permanecem no anonimato. Afinal, embora o ambiente seja uma força poderosa, ele nunca é maior do que a capacidade humana de sonhar e agir.

CAPÍTULO 3
O Poder do Controle

Controle é um conceito central em qualquer conquista, seja ela pessoal, profissional ou coletiva. Não se trata apenas de quem tem mais força ou poder, mas de quem consegue moldar a narrativa, definir o ritmo e influenciar os resultados. Desde os primórdios da humanidade, o controle foi essencial para liderar, sobreviver e prosperar. O caçador, por exemplo, não era apenas aquele que lançava a lança com precisão, mas aquele que sabia esperar pelo momento certo, movendo-se com cautela e antecipando os movimentos da presa. Essa mesma lógica se aplica a líderes e negociadores modernos, que devem equilibrar paciência, estratégia e ação.

Na dinâmica do controle, a percepção é tão importante quanto a realidade. Em negociações, por exemplo, quem controla o ritmo da conversa frequentemente é percebido como estando no comando, mesmo quando as condições objetivas não favorecem essa posição. Isso se dá porque o controle psicológico – a capacidade de moldar a percepção dos outros – é uma ferramenta poderosa, muitas vezes subestimada. Ele é exercido por meio de gestos sutis, escolhas de palavras e até pausas calculadas que criam tensão e expectativa.

A natureza do controle é evidente em histórias de grandes líderes, como Napoleão Bonaparte, que entendia profundamente a importância de moldar a narrativa ao seu favor. Durante a Batalha de Austerlitz, Napoleão deliberadamente deu a impressão de fraqueza, recuando suas tropas para atrair o inimigo para uma posição vulnerável. Quando os oponentes caíram na armadilha, Napoleão lançou um ataque devastador, garantindo uma das maiores vitórias de sua carreira. Ele não apenas controlou o campo de batalha, mas também a percepção de seus adversários, transformando uma aparente desvantagem em uma vantagem decisiva.

No cotidiano, o controle pode ser visto em interações aparentemente simples. Considere um chefe que, ao invés de impor ordens, faz perguntas que levam sua equipe a chegar às conclusões desejadas. "O que você acha que seria a melhor abordagem para resolver isso?" ou "Como podemos melhorar essa estratégia?" são perguntas que criam a ilusão de escolha, enquanto mantêm o controle nas mãos do líder. Esse método, além de eficaz, promove um senso de colaboração que fortalece a relação entre líder e equipe.

Mas o controle mais eficaz é aquele que não parece controle. O mestre dessa arte é como o caçador silencioso, que não chama atenção para seus movimentos, mas age com precisão cirúrgica. É o vendedor que sabe ouvir mais do que falar, direcionando a conversa de forma sutil até que o cliente veja a compra como sua própria decisão. É o negociador que, por meio de pausas estratégicas e gestos seguros, faz o outro lado revelar mais do que pretendia, invertendo a dinâmica do poder sem levantar suspeitas.

No entanto, o controle excessivo pode se tornar um problema. Assim como o caçador que avança impulsivamente e assusta a presa, o líder que tenta microgerenciar cada aspecto de sua equipe ou o negociador que domina a conversa de maneira opressiva corre o risco de minar a confiança e criar resistência. O controle eficaz exige equilíbrio – um entendimento de quando liderar e quando permitir que outros tomem a dianteira, criando um espaço para colaboração e inovação.

Na prática, isso significa observar, ajustar e reagir de maneira adaptativa. Um exemplo clássico disso está nas artes marciais, onde o lutador não se impõe à força contra o oponente, mas utiliza os movimentos do adversário para redirecionar a energia e virar o jogo. Essa abordagem pode ser aplicada a qualquer interação, desde reuniões corporativas até negociações complexas. Quem compreende o fluxo da situação e sabe quando agir com firmeza e quando recuar possui o verdadeiro controle.

O Efeito Pastor, mencionado anteriormente, também se conecta a essa dinâmica. Criar pertencimento e moldar a narrativa são formas de controle que não apenas influenciam comportamentos, mas também criam lealdade. Ao fazer com que as pessoas sintam que estão sendo ouvidas e compreendidas, o líder ou comunicador estabelece uma base sólida para conduzi-las em direção aos seus objetivos. É um controle que inspira, em vez de dominar.

Controle, no fim das contas, é menos sobre impor e mais sobre orquestrar. Como um maestro que guia uma orquestra, o verdadeiro líder não toca cada instrumento, mas define o ritmo, ajusta as nuances e garante que todos sigam na mesma direção. Quem compreende isso não apenas lidera, mas transforma o ambiente ao seu redor, criando um espaço onde as conquistas se tornam inevitáveis.

Estratégias Práticas para Estabelecer Domínio

Estabelecer domínio em qualquer situação – seja uma negociação, uma interação social ou um projeto profissional – exige mais do que conhecimento técnico ou autoridade hierárquica. Trata-se de compreender as dinâmicas humanas, prever os movimentos do outro e criar um ambiente onde sua influência seja natural e inquestionável. Assim como o caçador na floresta, que se move silenciosamente e estuda o comportamento da presa antes de agir, o mestre do domínio observa, ajusta e age no momento exato.

Uma das estratégias mais eficazes para estabelecer domínio é moldar a percepção. Em uma negociação, por exemplo, a pessoa que controla o ritmo da conversa – quem fala quando, por quanto tempo e com que intensidade – muitas vezes é percebida como a figura dominante, mesmo quando as condições objetivas não favorecem essa posição. Isso ocorre porque o domínio psicológico não depende apenas dos fatos, mas da maneira como esses fatos são apresentados.

Imagine uma situação em que duas partes estão negociando um contrato. Um negociador experiente usa pausas estratégicas para criar tensão e expectativa. Após fazer uma proposta, ele não se apressa em preencher o silêncio; em vez disso, espera que o outro lado reaja. Essa pausa coloca a pressão no interlocutor, que muitas vezes revela mais do que pretendia ao tentar preencher o vazio. Essa técnica, simples na aparência, é incrivelmente poderosa porque inverte a dinâmica do controle.

Outro elemento crucial para estabelecer domínio é a comunicação não verbal. Postura, gestos e expressão facial transmitem mais do que palavras. Uma postura ereta, com os ombros abertos e o queixo levemente elevado, comunica confiança e autoridade. Movimentos controlados, como gestos firmes e pausados, criam uma impressão de autocontrole, enquanto evitar movimentos nervosos ou gestos excessivos impede que você seja percebido como ansioso ou inseguro. O contato visual, quando usado de maneira equilibrada, reforça ainda mais essa posição de domínio. Um olhar firme, mas não invasivo, cria conexão e demonstra que você está completamente presente e atento.

A linguagem, por sua vez, é uma ferramenta que pode ser moldada para fortalecer sua posição. Usar frases assertivas, mas colaborativas, é uma maneira eficaz de manter o controle sem criar resistência. Por exemplo, em vez de perguntar "O que você acha que podemos fazer?", um líder pode dizer "Minha proposta é seguirmos por este caminho, mas gostaria de ouvir suas sugestões para ajustá-lo." Essa abordagem não apenas estabelece um ponto de partida claro, mas também cria um senso de colaboração, enquanto mantém o controle da direção da conversa.

Além da comunicação verbal e não verbal, uma estratégia essencial para estabelecer domínio é a antecipação. Assim como um jogador de xadrez que planeja seus movimentos com várias jogadas de antecedência, o negociador ou líder eficaz antecipa as reações e adaptações de seus interlocutores. Isso envolve estudar padrões de comportamento, prever objeções e preparar respostas que neutralizem possíveis resistências. A preparação não apenas aumenta sua confiança, mas também fortalece sua posição em tempo real.

No entanto, estabelecer domínio não significa controlar cada aspecto de uma situação. O verdadeiro domínio é alcançado quando os outros acreditam que estão contribuindo e se sentem valorizados, mesmo quando você está guiando o processo. Oferecer escolhas limitadas é uma técnica simples, mas eficaz. Por exemplo, ao apresentar uma proposta, em vez de perguntar "O que você prefere fazer?", você pode dizer: "Temos duas boas opções: A ou B. Qual delas faz mais sentido para você?" Ambas as escolhas foram estrategicamente desenhadas para beneficiar você, mas o outro lado sente que tem controle sobre a decisão.

Por fim, uma das estratégias mais subestimadas para estabelecer domínio é ouvir. Muitas pessoas associam domínio a falar e se impor, mas os melhores líderes e negociadores são mestres em ouvir. Ao dar espaço para o outro lado se expressar, você coleta informações valiosas, cria um ambiente de confiança e, muitas vezes, faz com que o outro lado se sinta mais confortável em seguir sua liderança.

Domínio, no fim das contas, não é sobre força ou imposição. É sobre criar uma percepção de controle que inspire confiança e colaboração. Como um caçador que entende o ambiente ao seu redor antes de agir, o verdadeiro mestre do domínio observa, ajusta e age com precisão, garantindo que cada movimento fortaleça sua posição e aumente suas chances de sucesso.

O controle, quando usado com sabedoria, é uma das ferramentas mais poderosas para conquistar e liderar. Porém, como qualquer habilidade, ele precisa de equilíbrio. O excesso de controle, em vez de criar segurança e eficiência, pode levar à resistência, ao desgaste emocional e, em última instância, ao colapso das relações ou sistemas que você tenta dirigir. Assim como um caçador que age impulsivamente pode espantar sua presa, o líder ou negociador que exerce um controle desmedido corre o risco de perder a confiança e a colaboração daqueles ao seu redor.

O Perigo do Controle Excessivo e a Necessidade de Equilíbrio

O controle excessivo geralmente nasce de um desejo genuíno de eficiência ou de evitar erros. No entanto, ao tentar controlar todos os aspectos de uma situação, você não só limita a criatividade e o engajamento dos outros, como também sobrecarrega a si mesmo. Um líder que microgerencia sua equipe, por exemplo, pode acreditar que está garantindo o sucesso ao supervisionar cada detalhe. Mas, para os membros da equipe, isso muitas vezes se traduz em falta de confiança e autonomia, levando à frustração e ao desinteresse.

A história está repleta de exemplos de líderes que sucumbiram ao peso de seu próprio controle. Napoleão Bonaparte, mencionado anteriormente como um mestre em moldar a percepção e o ritmo, também ilustra os perigos do excesso. Em seus últimos anos, ele tentou centralizar tanto o poder e o planejamento que começou a alienar aliados e cometer erros estratégicos. Sua campanha na Rússia é um exemplo clássico: ao subestimar os conselhos de outros e insistir em decisões que sobrecarregaram suas tropas, ele sofreu uma derrota devastadora que marcou o início de seu declínio.

No mundo corporativo, o excesso de controle pode se manifestar de várias formas. Empresas onde os líderes insistem em aprovar cada pequena decisão frequentemente sofrem com atrasos, ineficiência e falta de inovação. Em negociações, a tentativa de dominar cada palavra ou ação do outro lado pode resultar em desconfiança, rompendo o rapport necessário para um acordo mutuamente benéfico. Em vez de parecerem fortes e seguros, aqueles que controlam demais acabam sendo vistos como inseguros e inflexíveis.

Equilibrar o controle requer um entendimento profundo de quando liderar e quando permitir que outros tomem a dianteira. Isso não significa abrir mão do comando, mas criar um ambiente onde o controle seja fluido e adaptável. Um exemplo clássico disso pode ser visto em grandes treinadores esportivos. Eles estabelecem estratégias claras e orientam suas equipes, mas dentro do campo, confiam nos jogadores para tomar decisões em tempo real. Essa confiança mútua não apenas melhora o desempenho, mas também fortalece os laços entre líder e equipe.

Um dos melhores antídotos para o controle excessivo é a prática da delegação. Delegar não é apenas uma forma de aliviar a carga de trabalho; é uma declaração de confiança. Quando você permite que outros assumam a responsabilidade, você dá a eles a oportunidade de crescer, aprender e contribuir de maneira significativa. Isso também cria um senso de pertencimento, pois as pessoas sentem que suas habilidades são valorizadas e essenciais para o sucesso do grupo.

Outro aspecto importante é aprender a lidar com a incerteza. Parte do desejo de controle excessivo vem do medo do imprevisível. No entanto, a verdadeira liderança está em abraçar a incerteza e usá-la a seu favor. Como disse o filósofo Sêneca, "A sorte é o que acontece quando a preparação encontra a oportunidade." Em vez de tentar eliminar todas as variáveis, concentre-se em estar preparado para adaptá-las conforme necessário.

É importante também reconhecer os sinais de que você pode estar exercendo controle em excesso. Pergunte a si mesmo: "Estou permitindo que os outros contribuam de forma significativa? Estou confiando em suas habilidades e julgamentos? Estou exaurido por tentar administrar tudo sozinho?" Essas reflexões podem ajudar a ajustar sua abordagem e evitar armadilhas.

O controle excessivo pode parecer, à primeira vista, uma demonstração de força. No entanto, o verdadeiro poder está na flexibilidade e no equilíbrio. Assim como o caçador sabe quando permanecer imóvel e quando avançar, o líder eficaz entende que o domínio não é sobre ter todas as respostas, mas sobre criar um espaço onde as respostas possam emergir de forma colaborativa e orgânica.

Dominar o equilíbrio do controle é uma conquista em si mesma. Ele exige paciência, confiança e a capacidade de deixar de lado o ego. Mas, ao aprender a compartilhar o controle e a permitir que outros brilhem, você não apenas fortalece suas próprias habilidades como líder, mas também cria uma base sólida para conquistas duradouras e significativas.

CAPÍTULO 4
COMUNICAÇÃO QUE CONQUISTA

Conquistar é, antes de tudo, comunicar. Seja uma ideia, uma proposta ou um objetivo pessoal, o modo como nos expressamos define nossa capacidade de inspirar, persuadir e conectar. Desde o momento em que aprendemos a falar, estamos constantemente negociando – com nossos pais, amigos, colegas e até conosco mesmos. A comunicação é o terreno onde as conquistas começam a ser construídas, e quem domina essa arte se torna não apenas um bom orador, mas um conquistador de mentes e corações.

Imagine uma cena cotidiana: uma entrevista de emprego. Você está sentado à frente do entrevistador, uma pessoa que já viu dezenas de candidatos antes de você. O que vai diferenciar a sua apresentação das demais? Não é apenas o currículo, mas como você transmite a história por trás dele. Uma coisa é listar habilidades, outra é narrar experiências de maneira que o outro sinta como se estivesse lá, presenciando suas conquistas. "Naquela vez em que o sistema caiu no meio de um lançamento importante, eu tive que agir rápido, pensando fora da caixa para reverter a situação..." Você não está apenas relatando; está conectando. É assim que as histórias funcionam – elas criam uma ponte emocional.

O poder do storytelling na comunicação é ancestral. Pense em como as histórias moldaram a humanidade: os mitos que deram sentido ao mundo, as narrativas que inspiraram revoluções e as memórias pessoais que definem quem somos. Contar histórias não é um truque; é uma necessidade humana. É por isso que, ao invés de apenas dizer que você superou desafios, você precisa levar o ouvinte àquele momento, fazê-lo sentir o frio na barriga que você sentiu antes da vitória.

Mas não é só o que você diz; é como você diz. A voz – seu tom, ritmo e pausas – é uma ferramenta poderosa, muitas vezes subestimada. Um tom calmo e firme transmite confiança; uma pausa estratégica antes de uma ideia importante cria expectativa. Considere a frase: "Esta é a solução que você estava esperando." Dita sem ênfase, é apenas mais uma declaração. Agora experimente isso: "Esta... é a solução que você estava esperando." A pausa entre "esta" e "é" transforma a frase, criando um momento de atenção que exige ser notado.

As pausas são como os silêncios de um caçador, que sabe que não precisa preencher cada momento com ruído para dominar a cena. Muitas vezes, o impacto está no que você não diz, permitindo que o outro lado processe, reflita e até revele mais do que pretendia. É o poder do silêncio, uma forma de comunicação tão eloquente quanto as palavras mais bem escolhidas.

E, claro, a escolha das palavras importa. Linguagem simples, mas marcante, vence a batalha. Pense na diferença entre dizer "nós temos algumas opções" e "nós temos uma oportunidade única." A segunda frase ativa um gatilho emocional – algo exclusivo, raro e valioso. O uso de metáforas, por sua vez, pode transformar conceitos abstratos em imagens vívidas. Dizer que "um problema é como uma tempestade que precisamos atravessar juntos" cria uma visualização que conecta emocionalmente, algo que uma explicação factual jamais faria.

Histórias pessoais são ferramentas particularmente poderosas. Imagine contar algo como: "Quando eu estava no meu primeiro emprego, meu chefe me chamou para uma reunião de última hora com um cliente difícil. Eu não estava preparado, mas sabia que precisava impressionar. Então, perguntei ao cliente sobre seus maiores desafios e o deixei falar. Ouvir foi a melhor decisão que tomei. Ele se sentiu compreendido, e eu ganhei sua confiança." Não é uma narrativa heroica como as guerras de Napoleão, mas é real, acessível e identificável. É o tipo de história que causa o *Efeito Pastor*, porque quem ouve consegue se enxergar naquela situação, mesmo que o contexto seja diferente.

Essa conexão pessoal é crucial, especialmente nas conquistas pessoais. Pense em um amigo que compartilha como superou o medo de falar em público, ou um colega que narra como conseguiu equilibrar a vida profissional e familiar. Essas histórias nos lembram que conquistar não é apenas para os grandes líderes ou figuras históricas; é algo que todos nós fazemos, diariamente, em nossa própria escala.

A comunicação que conquista também exige vulnerabilidade. Mostrar suas falhas e como você as superou não diminui sua força; pelo contrário, humaniza você e inspira os outros. Alguém que compartilha: "Na primeira vez que tentei liderar uma equipe, errei ao não ouvir as opiniões deles. Aprendi da maneira difícil que liderar é mais sobre colaboração do que comando" demonstra crescimento e autenticidade, qualidades que criam confiança instantânea.

Por fim, a comunicação eficaz é tanto uma arte quanto uma ciência. É a arte de contar histórias que tocam e a ciência de entender como a linguagem, o tom e a presença influenciam quem ouve. Quando combinadas, essas habilidades transformam qualquer interação em uma oportunidade de conquistar – uma ideia, uma pessoa ou até mesmo uma parte de si mesmo.

Conquistar começa na palavra, mas transcende o verbo. Ela está na conexão, na pausa, no silêncio e no que fica subentendido. Está em fazer o outro sentir que, naquele momento, você não está apenas falando com ele, mas por ele. Porque, no fim, todos queremos o mesmo: pertencer, se destacar e, claro, conquistar.

Persuasão sem Palavras

Nem tudo que importa precisa ser dito. Na verdade, algumas das conquistas mais significativas começam ou terminam no silêncio. Ele não é apenas a ausência de palavras, mas uma ferramenta poderosa que molda a percepção, amplifica intenções e, muitas vezes, fala mais alto do que qualquer discurso. Na comunicação, o silêncio pode ser tanto uma arma quanto um refúgio, e aqueles que sabem usá-lo tornam-se mestres em criar impacto e persuadir sem sequer levantar a voz.

Imagine uma sala de negociação. De um lado, um executivo ansioso, despejando argumentos na tentativa de convencer a outra parte. Do outro, um negociador experiente que ouve atentamente, sem interrupções. Quando chega sua vez, ele faz uma pausa. O silêncio preenche o espaço, e todos os olhares se voltam para ele. Antes mesmo de dizer algo, ele já capturou a atenção da sala. Essa pausa estratégica cria expectativa, força o outro lado a refletir sobre suas próprias palavras e estabelece uma presença que transcende a necessidade de falar.

O silêncio também pode ser usado como um momento de reflexão e poder pessoal. Pense em situações em que você foi confrontado com uma decisão difícil ou um conflito. A resposta imediata pode parecer tentadora, mas o silêncio oferece a oportunidade de analisar, absorver e reagir de forma estratégica. É como um intervalo em uma peça teatral: ele prepara o palco para o próximo ato, garantindo que o impacto seja ainda maior.

No contexto das conquistas pessoais, o silêncio muitas vezes é subestimado. Vivemos em um mundo barulhento, onde a comunicação constante parece ser uma exigência. No entanto, é no silêncio que encontramos clareza. É ali que podemos avaliar nossos objetivos, redefinir prioridades e identificar o que realmente importa. Um exemplo disso é quando enfrentamos uma derrota ou um fracasso. Resistir à tentação de reagir impulsivamente e, em vez disso, abraçar o silêncio, nos permite aprender e crescer com a experiência.

A linguagem não-verbal, frequentemente associada ao silêncio, é igualmente poderosa. Gestos, expressões faciais e postura dizem tanto quanto, ou até mais, do que palavras. Considere um palestrante que permanece estático no palco, olhando para o público antes de começar a falar. Esse momento cria uma tensão quase palpável, obrigando a audiência a se concentrar totalmente nele. Agora imagine o mesmo palestrante gesticulando de forma errática ou preenchendo o silêncio com palavras desnecessárias – a mensagem perde força.

A comunicação sem palavras não é apenas útil em negociações ou apresentações, mas também em momentos pessoais. Pense em uma conversa com um amigo próximo. Às vezes, o que ele precisa não é de conselhos, mas de alguém que ouça – verdadeiramente ouça – em silêncio. Esse tipo de presença cria um espaço seguro, onde as palavras podem ser ditas sem julgamento e onde o silêncio é sinônimo de apoio.

A força do silêncio é ilustrada em histórias reais de conquistas humanas. Durante a Segunda Guerra Mundial, Winston Churchill era conhecido por sua habilidade em usar pausas e silêncios em seus discursos para intensificar o impacto. Uma de suas falas mais memoráveis, "Esta é a nossa melhor hora," foi precedida por uma longa pausa que fez com que cada palavra seguinte fosse carregada de peso emocional. Ele não apenas falou ao público; ele os fez sentir.

No cotidiano, o silêncio pode ser usado como uma forma de controle. Assim como o caçador que observa sua presa antes de atacar, a pessoa que domina o silêncio em uma conversa ou negociação assume o papel de líder. Eles não preenchem o vazio com palavras por insegurança; eles esperam, observam e respondem com precisão. Essa abordagem não apenas demonstra confiança, mas também força o outro lado a revelar mais, muitas vezes dando ao "silencioso" uma vantagem estratégica.

Mas o silêncio também tem seus riscos. Quando mal utilizado, ele pode ser interpretado como desinteresse, desatenção ou até desprezo. A chave para usar o silêncio com eficácia é a intenção. Ele deve ser deliberado, um espaço onde a conexão é reforçada, e não rompida. Um silêncio bem posicionado cria curiosidade e autoridade; um silêncio desconfortável ou prolongado pode gerar desconexão.

No fim, o silêncio é como uma pausa em uma música: ele intensifica o que veio antes e prepara o terreno para o que vem depois. Ele é uma arte que exige prática, mas que, quando dominada, transforma a comunicação em algo mais profundo e significativo. Usado com sabedoria, o silêncio pode ser a diferença entre ser ouvido e ser ignorado, entre persuadir e perder, entre conquistar e simplesmente tentar.

CAPÍTULO 5
O Efeito Pastor

O que transforma um discurso comum em algo que ressoa profundamente com a audiência? O que faz com que certas palavras pareçam falar diretamente ao coração de quem as ouve, criando uma sensação de pertencimento quase mágica? Esse é o poder do *Efeito Pastor*, uma técnica que transcende a comunicação convencional para construir conexões emocionais genuínas com o público.

No centro do *Efeito Pastor* está a habilidade de falar de forma ampla, mas que, paradoxalmente, parece direcionada a cada indivíduo presente. Pense em um pastor em uma igreja lotada. Ele diz: "Sinto que alguém aqui está lutando com um problema financeiro." A declaração, embora genérica, atinge muitas pessoas, pois a maioria das audiências em qualquer contexto terá alguém enfrentando dificuldades financeiras. Essa abordagem cria um momento de identificação instantânea, em que o ouvinte sente: "Ele está falando comigo." Esse é o segredo da técnica – causar pertencimento através de uma mensagem que parece personalizada, mas é estrategicamente universal.

Esse efeito não se limita a contextos religiosos. Ele é amplamente usado em marketing, vendas e liderança. Imagine um palestrante motivacional dizendo: "Sei que muitos de vocês estão se sentindo presos, como se estivessem correndo em círculos e não alcançando o próximo nível." Essa frase não aponta diretamente para ninguém, mas o sentimento descrito é comum o suficiente para gerar identificação em grande parte da audiência. O resultado é uma conexão emocional poderosa que transforma ouvintes em seguidores.

A chave para o sucesso do *Efeito Pastor* é a escolha cuidadosa das palavras. Frases como "Eu sei que muitos de vocês" ou "Talvez você esteja se perguntando" criam um espaço emocional onde o público sente que suas preocupações estão sendo compreendidas e validadas. O que torna essa técnica tão eficaz é que ela não apenas comunica, mas também demonstra empatia, um elemento essencial para conquistar a confiança do público.

No entanto, o *Efeito Pastor* não é apenas sobre o que você diz, mas como você diz. O tom de voz, as pausas estratégicas e até o contato visual desempenham papéis cruciais. Ao fazer uma afirmação ampla, o comunicador deve transmitir autenticidade e presença, garantindo que cada pessoa na audiência sinta que está sendo genuinamente ouvida. É um equilíbrio delicado entre abrangência e intimidade, entre a mensagem coletiva e a conexão individual.

Vamos a um exemplo prático. Imagine que você está apresentando um produto a um grupo de potenciais clientes. Em vez de listar benefícios genéricos, você diz: "Muitos de vocês provavelmente já enfrentaram momentos em que precisavam de uma solução simples e eficaz, mas ficaram sobrecarregados com opções complicadas." Essa frase ativa um reconhecimento emocional imediato. Mesmo que nem todos na audiência tenham passado exatamente por isso, a maioria pode imaginar ou lembrar uma situação semelhante. O *Efeito Pastor* cria um espaço onde o público sente que a mensagem foi desenhada para eles, o que aumenta significativamente o engajamento.

A técnica também pode ser aplicada em situações mais pessoais. Imagine um líder de equipe que, em uma reunião, diz: "Eu sei que muitos de vocês estão lidando com pressões fora do trabalho, além dos desafios aqui." Esse reconhecimento, mesmo sem ser específico, gera empatia e abre caminho para uma comunicação mais honesta e colaborativa. O simples ato de verbalizar o que todos sentem, mas poucos expressam, fortalece os laços e aumenta a confiança.

O *Efeito Pastor* é amplificado quando combinado com histórias. Uma narrativa que ilustra o ponto principal da mensagem torna a conexão ainda mais poderosa. Por exemplo, ao introduzir uma mudança organizacional, um líder poderia dizer: "Eu lembro quando enfrentei algo parecido. Tive que decidir entre permanecer na zona de conforto ou arriscar algo maior. Muitos de vocês podem estar sentindo o mesmo agora." Essa abordagem não apenas valida os sentimentos do público, mas também demonstra vulnerabilidade e autenticidade, dois elementos que aprofundam a conexão.

No entanto, o uso do *Efeito Pastor* requer responsabilidade. Quando mal utilizado, ele pode parecer manipulador, especialmente se o público perceber que a mensagem é puramente genérica ou desprovida de autenticidade. Por isso, é fundamental que a empatia demonstrada seja genuína e que as afirmações feitas tenham fundamento na realidade do público-alvo.

Em essência, o *Efeito Pastor* é uma celebração do poder das palavras e da conexão humana. Ele nos lembra que, no fundo, todos nós desejamos ser vistos, ouvidos e compreendidos. Quando usamos essa técnica com intenção e autenticidade, criamos um espaço onde as pessoas não apenas ouvem, mas sentem. E é nesse sentimento que as conquistas começam a se materializar.

Capítulo 6

O Poder do Storytelling na Conquista

Histórias têm o poder de moldar nossa percepção, inspirar ações e construir conexões duradouras. Desde os primeiros dias da humanidade, sentados ao redor de fogueiras, até os dias de hoje, em que assistimos a narrativas brilhantemente criadas em telas de cinema ou redes sociais, o storytelling é uma ferramenta essencial para influenciar e conquistar. Mais do que uma arte, contar histórias é uma ciência emocional que, quando bem aplicada, pode transformar qualquer interação em um momento memorável.

Considere o caso de um jovem vendedor tentando fechar seu primeiro grande contrato. Ele poderia listar os benefícios de seu produto em detalhes, mas em vez disso, decide compartilhar uma história. Ele começa dizendo: "Há alguns meses, trabalhei com uma empresa que enfrentava um desafio semelhante ao seu. Eles estavam lidando com prazos apertados e orçamentos limitados, assim como você mencionou. Mas ao implementar nossa solução, eles conseguiram não apenas alcançar seus objetivos, mas também superar as expectativas do cliente final." Nesse momento, o cliente não está apenas ouvindo uma proposta; ele está se vendo na história. Ele sente a possibilidade de sucesso como algo tangível. Essa é a magia do storytelling: transportar o ouvinte para um espaço onde as conquistas se tornam possíveis.

A eficácia das histórias não é apenas intuitiva; ela é respaldada pela ciência. Estudos mostram que, quando ouvimos uma história, nosso cérebro não apenas processa as palavras, mas também recria as experiências descritas. É por isso que nos emocionamos ao ouvir sobre a superação de um desafio ou ficamos tensos durante uma narrativa de suspense. Essa ativação emocional é o que diferencia o storytelling de outras formas de comunicação. Ele cria uma conexão que vai além do intelecto, atingindo diretamente o coração.

No contexto das conquistas pessoais, as histórias que contamos a nós mesmos também são cruciais. Pense em como você descreve seus próprios desafios e sucessos. Você se vê como um herói em jornada, enfrentando e superando obstáculos, ou como alguém preso em uma narrativa de dificuldades insuperáveis? A maneira como moldamos nossas histórias internas influencia diretamente nossa motivação, autoestima e capacidade de ação.

Por exemplo, imagine alguém que perdeu um emprego. Uma narrativa limitante poderia ser: "Fui demitido porque não sou bom o suficiente." Mas uma história empoderadora seria: "Fui demitido porque era hora de buscar algo maior e mais alinhado com meus valores." Ambas as narrativas descrevem o mesmo evento, mas a segunda cria espaço para crescimento e conquista, enquanto a primeira aprisiona.

No ambiente profissional, o storytelling é igualmente vital. Líderes que sabem contar histórias conquistam a lealdade e a inspiração de suas equipes. Quando Elon Musk descreve a missão da SpaceX como "tornar a humanidade multiplanetária", ele não está apenas vendendo foguetes; ele está contando uma história de exploração e sobrevivência que ressoa profundamente com o espírito humano. Essa narrativa une pessoas ao redor de uma visão maior, transformando metas individuais em um esforço coletivo.

Histórias também são ferramentas poderosas em negociações. Considere um cenário onde você precisa persuadir alguém a aceitar uma proposta ousada. Em vez de apresentar argumentos frios e racionais, compartilhe uma história de sucesso semelhante, mostrando como outra pessoa enfrentou desafios, tomou uma decisão corajosa e colheu os frutos. Isso não apenas ilustra seu ponto, mas também ativa o *Efeito Pastor*, criando identificação e pertencimento.

E não pense que as melhores histórias são as mais grandiosas. Muitas vezes, são as narrativas simples e autênticas que causam maior impacto. Uma história sobre como você superou o medo de falar em público, lidou com uma crítica inesperada ou resolveu um problema em casa pode ser mais poderosa do que qualquer epopeia corporativa. Isso porque essas histórias trazem humanidade e vulnerabilidade, características que criam uma conexão genuína.

Para dominar o storytelling, comece identificando os elementos-chave de uma boa história: o desafio, a jornada e a resolução. Um desafio interessante prende a atenção; uma jornada bem descrita envolve o público; e uma resolução satisfatória inspira ação. Além disso, sempre busque alinhar suas histórias com os valores e interesses de quem ouve. Uma história bem contada é mais do que entretenimento; é um convite para que o ouvinte se veja como parte do enredo.

No fim, o storytelling é mais do que uma técnica. É uma forma de construir pontes entre pessoas, criar empatia e inspirar ação. Quando usado para conquistar, ele transforma o que poderia ser apenas uma transação em uma experiência memorável. E, como em toda boa história, o que importa não é apenas o final, mas o caminho que percorremos para chegar até lá.

Narrativas que Moldaram a História

Grandes conquistas da humanidade estão inevitavelmente conectadas a grandes narrativas. As histórias têm o poder de moldar sociedades, unificar povos e inspirar ações que mudam o curso da história. De líderes visionários a movimentos sociais, o impacto das narrativas é universal e atemporal. Ao examinar algumas das mais poderosas, percebemos como elas transcendem palavras e se tornam motores de transformação.

Uma das narrativas mais emblemáticas é a de Alexandre, o Grande. Ele não apenas conquistou territórios; ele construiu um legado. Suas campanhas não eram apresentadas como simples expansões militares, mas como missões para unificar o mundo sob uma única cultura. Alexandre entendia que as histórias que contava sobre suas conquistas eram tão importantes quanto as próprias vitórias. Ao fundar cidades como Alexandria, ele criava pontos de encontro para culturas diferentes, perpetuando a ideia de que sua missão era maior do que ele mesmo. Ele não era apenas um general; era um narrador que transformava batalhas em mitos.

Na era moderna, a Corrida Espacial é um exemplo fascinante de como narrativas moldam ambições e realizações. Não era apenas sobre chegar à Lua; era sobre o triunfo do espírito humano frente ao desconhecido. Quando John F. Kennedy declarou: "Escolhemos ir à Lua nesta década, não porque seja fácil, mas porque é difícil," ele não estava apenas lançando um programa espacial. Ele estava unindo uma nação em torno de uma história de superação, inovação e coragem. Cada lançamento de foguete, cada transmissão ao vivo, reforçava essa narrativa, transformando um projeto técnico em um símbolo de progresso e determinação.

No entanto, nem todas as narrativas que moldaram a história vieram de líderes ou nações. Muitas nasceram de indivíduos comuns enfrentando circunstâncias extraordinárias. Rosa Parks, ao se recusar a ceder seu assento em um ônibus segregado, deu início a uma narrativa que catalisou o movimento dos direitos civis nos Estados Unidos. Sua história era simples, mas poderosa: uma mulher comum que, ao enfrentar a injustiça, demonstrou que o poder da resistência pacífica pode transformar sociedades inteiras. Não foi apenas o ato em si, mas a história contada sobre ele que inspirou milhões a se unirem por uma causa maior.

Narrativas também são ferramentas indispensáveis no mundo corporativo. Pense em como Steve Jobs posicionou a Apple como mais do que uma empresa de tecnologia. Para ele, cada produto era parte de uma narrativa maior: a ideia de desafiar o status quo e "pensar diferente." Quando apresentou o iPhone ao mundo, ele não falou apenas sobre suas funcionalidades. Ele contou a história de como aquele dispositivo transformaria a maneira como as pessoas se conectam, trabalham e vivem. Essa narrativa ressoou globalmente, tornando a Apple uma das marcas mais valiosas e admiradas do mundo.

Mas as narrativas que moldam a história não precisam ser grandiosas para serem eficazes. Às vezes, as histórias mais simples têm o impacto mais profundo. Um professor que inspira uma sala de aula com uma história sobre superação pessoal, ou um líder comunitário que mobiliza um bairro contando a história de um vizinho necessitado, podem criar mudanças duradouras. Isso porque as narrativas têm um poder único de criar pertencimento. Elas nos lembram que fazemos parte de algo maior, que nossas ações individuais têm significado no contexto de uma história coletiva.

Há também o papel das histórias pessoais que moldam as decisões e conquistas diárias. Quando Viktor Frankl escreveu *Em Busca de Sentido*, ele transformou sua experiência nos campos de concentração nazistas em uma narrativa que inspirou milhões. Ele mostrou que, mesmo nas circunstâncias mais sombrias, o ser humano pode encontrar propósito e força. Sua história não era apenas sobre sobrevivência; era sobre a capacidade de transformar sofrimento em significado.

Essas narrativas nos ensinam uma lição essencial: a conquista não é apenas o ato, mas a história que contamos sobre ele. O modo como moldamos nossas próprias narrativas – como líderes, visionários ou simplesmente indivíduos – determina não apenas como somos percebidos, mas também como inspiramos os outros a agir.

Narrativas poderosas não são criadas apenas para serem contadas; elas são vividas. Elas exigem autenticidade, paixão e um compromisso com algo maior do que o momento presente. Quando compreendemos esse poder, somos capazes de moldar histórias que não apenas inspiram, mas também transformam.

Conquistas Pessoais: Narrativas do Cotidiano que Inspiram

Nem todas as conquistas precisam ser épicas ou dignas de manchetes. Muitas vezes, as histórias mais transformadoras surgem do cotidiano, das pequenas batalhas travadas em silêncio, das vitórias que, para o mundo, podem parecer insignificantes, mas para quem as viveu, carregam o peso de uma revolução pessoal. Essas conquistas são o que nos define, o que molda nossa identidade e, frequentemente, o que conecta uns aos outros.

Pense em algo simples, como a decisão de aprender uma nova habilidade, seja cozinhar, tocar um instrumento ou dominar um idioma. Para o mundo externo, isso pode parecer trivial, mas, para quem está dentro da experiência, cada momento é carregado de significado. É sobre enfrentar o desconforto do desconhecido, persistir nas dificuldades iniciais e celebrar as pequenas vitórias ao longo do caminho. Cada acorde aprendido no violão, cada frase completa falada em uma língua estrangeira é uma prova de que o impossível pode se tornar possível, desde que se tenha paciência e determinação.

Considere a história de uma pessoa que superou o medo de falar em público. Durante anos, ela evitou reuniões, palestras e qualquer situação que exigisse se expor. Então, um dia, por necessidade ou desejo de mudança, ela decide enfrentar esse medo. Inscreve-se em um curso, prepara uma apresentação e, com as mãos suadas e o coração acelerado, sobe ao palco. Sua voz pode tremer, suas palavras podem não ser perfeitas, mas ela consegue. Essa conquista, embora invisível para muitos, é monumental para ela. E, ao compartilhar sua história, ela inspira outros a enfrentarem seus próprios medos, mostrando que coragem não é a ausência de medo, mas a decisão de agir apesar dele.

As narrativas do cotidiano têm o poder de criar um senso de pertencimento. Quando ouvimos sobre alguém que superou um desafio familiar – seja criar um filho enquanto trabalha em tempo integral, lidar com uma perda ou reconstruir uma carreira do zero – sentimos que não estamos sozinhos em nossas próprias lutas.

Esse efeito é amplificado quando a história é contada com autenticidade e vulnerabilidade. Não é sobre parecer perfeito; é sobre ser humano.

Um exemplo poderoso é a história de um pai que, após ser demitido, decide transformar um hobby em um negócio. Ele começa pequeno, trabalhando na garagem de casa, muitas vezes sem saber se seus esforços serão suficientes. Mas ele persiste. Cada cliente conquistado, cada pequeno progresso, é uma vitória. Ao compartilhar sua jornada – com as dificuldades, os fracassos e os momentos de dúvida incluídos –, ele não apenas celebra sua conquista, mas também inspira outros a verem oportunidades onde antes viam apenas obstáculos.

Conquistas pessoais também podem surgir das interações mais simples. Imagine alguém que, por anos, manteve uma relação distante com um amigo ou familiar. Então, um dia, decide dar o primeiro passo para reconstruir essa conexão. Uma mensagem enviada, um encontro marcado, uma conversa sincera. Esse pequeno ato de vulnerabilidade e coragem pode não mudar o mundo, mas muda profundamente as vidas envolvidas. É uma lembrança de que algumas das maiores conquistas estão nas relações que cultivamos.

Mesmo nos momentos de aparente fracasso, há histórias de conquistas pessoais esperando para serem contadas. Viktor Frankl, em *Em Busca de Sentido*, argumenta que, mesmo nas situações mais sombrias, o ser humano pode encontrar propósito. Ele narra como, mesmo nos campos de concentração, pequenos atos de humanidade – como dividir um pedaço de pão ou oferecer palavras de consolo – eram conquistas que preservavam a dignidade e a esperança. Essa perspectiva nos lembra que, muitas vezes, a conquista não está no que alcançamos, mas em como escolhemos responder às circunstâncias.

O poder das narrativas cotidianas está em sua universalidade. Todos nós, em algum momento, enfrentamos desafios, dúvidas e momentos de superação. Quando compartilhamos essas histórias, criamos um tecido comum de experiências que nos conecta e nos fortalece. Elas nos lembram de que somos resilientes, de que podemos crescer mesmo nas adversidades e de que, juntos, somos mais fortes.

No fim, as conquistas pessoais não precisam ser grandes para serem significativas. Elas são os pequenos degraus que subimos todos os dias, as decisões que tomamos para sermos melhores e as histórias que contamos a nós mesmos para continuar. Cada uma delas é uma peça do quebra-cabeça de quem somos, uma lembrança de que, no cotidiano, encontramos a força para conquistar o extraordinário.

A Jornada Interior: Como Conquistar a Si Mesmo

A conquista mais desafiadora e transformadora não acontece no mundo externo, mas dentro de nós mesmos. Antes de vencer batalhas externas, precisamos enfrentar as lutas internas – aquelas travadas na mente, nas emoções e nas percepções que carregamos sobre quem somos e o que somos capazes de realizar. Conquistar a si mesmo é uma jornada sem fim, mas essencial para alcançar qualquer outra vitória significativa.

Pense em como a mente pode ser tanto uma aliada quanto uma inimiga. Quantas vezes você já se viu paralisado por dúvidas, incertezas ou até mesmo por medos que, racionalmente, sabe que não têm fundamento? A mente humana é uma ferramenta poderosa, mas também pode ser uma armadilha. Viktor Frankl, ao refletir sobre sua experiência nos campos de concentração, escreveu: "Tudo pode ser tirado de um homem, exceto uma coisa: a última das liberdades humanas – escolher sua atitude em qualquer conjunto de circunstâncias." Sua jornada interior foi sua maior conquista, permitindo que encontrasse significado e propósito em meio ao sofrimento inimaginável.

Essa capacidade de escolher como reagimos é o primeiro passo na jornada interior. Quando enfrentamos desafios, nossa tendência inicial é buscar culpados externos: o chefe difícil, a economia instável, as oportunidades que não apareceram. No entanto, o verdadeiro poder está em olhar para dentro e perguntar: "O que posso fazer, apesar dessas circunstâncias?" Esse simples ato de redirecionar o foco para o que está sob nosso controle transforma vítimas em protagonistas.

Uma história pessoal que ilustra isso é a de uma mulher que decidiu mudar sua vida ao perceber que estava constantemente colocando as necessidades de todos à sua frente, enquanto negligenciava as próprias. Depois de anos de frustração e esgotamento, ela começou a praticar pequenos atos de autocuidado e a dizer "não" quando necessário. Essa decisão, aparentemente simples, foi sua maior conquista. Ela não apenas recuperou sua energia e autoestima, mas também redefiniu suas relações, tornando-se um exemplo para aqueles ao seu redor. Sua jornada interior a levou a entender que cuidar de si mesma não era egoísmo, mas um ato de amor-próprio que beneficiava todos ao seu redor.

Conquistar a si mesmo também envolve a habilidade de enfrentar e superar emoções difíceis. Medo, raiva, tristeza – todas essas emoções são naturais e têm seu papel, mas, quando não gerenciadas, podem se tornar barreiras que impedem o progresso. Um líder que explora essa ideia é Nelson Mandela, que, após décadas de prisão, escolheu não deixar a raiva ou o ressentimento definirem sua vida. Ele disse: "Enquanto eu caminhava para a liberdade, sabia que, se não deixasse minha amargura e ódio para trás, ainda estaria na prisão." Sua jornada interior foi marcada pela decisão de perdoar, transformando dor em força.

Outra dimensão da jornada interior é o autoconhecimento. Quem somos? O que realmente queremos? Essas perguntas podem parecer simples, mas as respostas raramente são. O autoconhecimento exige reflexão, honestidade e disposição para enfrentar verdades desconfortáveis. Ele nos força a examinar não apenas nossos pontos fortes, mas também nossas fraquezas, nossos padrões de comportamento e as narrativas que contamos a nós mesmos.

Um exemplo disso pode ser encontrado em atletas de alto desempenho. Para eles, o autoconhecimento é essencial. Saber onde estão seus limites, quando precisam descansar ou como reconfigurar a mente após uma derrota pode ser a diferença entre sucesso e fracasso. Michael Jordan, considerado por muitos o maior jogador de basquete de todos os tempos, costumava dizer que seus fracassos foram tão importantes quanto suas vitórias. Ele reconhecia que cada erro o aproximava de seu objetivo, pois lhe ensinava algo sobre si mesmo.

Porém, a jornada interior não é apenas sobre desafios e superação; é também sobre reconhecer e celebrar as partes de nós que já são completas e valiosas. Em um mundo que constantemente exige mais, é fácil esquecer de reconhecer o que já conquistamos internamente. A gratidão por nossas próprias forças, experiências e capacidades é uma forma de nutrir a alma e reforçar nossa confiança para as próximas etapas.

Conquistar a si mesmo não é uma linha de chegada; é um processo contínuo. A cada novo desafio, a cada nova fase da vida, somos convidados a revisitar nossas crenças, renovar nosso compromisso com nossos valores e redefinir o que significa vencer. Essa jornada é tanto um privilégio quanto uma responsabilidade, pois, ao nos tornarmos mais conscientes de nós mesmos, também nos tornamos melhores para o mundo ao nosso redor.

No fim, conquistar a si mesmo não é sobre perfeição, mas sobre progresso. É sobre aprender a navegar por nossas próprias águas, mesmo quando elas são turbulentas. E, ao fazer isso, descobrimos que as maiores conquistas externas começam dentro de nós, onde o verdadeiro poder reside.

CAPÍTULO 7

O Papel do Ambiente na Jornada de Conquista

Somos moldados pelo ambiente em que vivemos. Desde a infância, nossas escolhas, aspirações e até mesmo nossos conceitos de sucesso são influenciados por fatores externos – a família, a cultura, os amigos, o trabalho e até o local onde crescemos. O ambiente é como o solo onde nossas ideias e ambições são plantadas: ele pode nutrir ou sufocar, impulsionar ou limitar. Entender essa relação é crucial para transformar desafios em oportunidades e criar um cenário onde a conquista seja possível.

Considere uma criança que cresce em um lar onde o esforço é valorizado. Ela ouve histórias de superação, vê os pais trabalhando arduamente e é encorajada a persistir diante de dificuldades. Esse ambiente gera uma mentalidade de crescimento, onde o fracasso é visto como aprendizado e o sucesso é percebido como resultado de trabalho duro. Agora pense em outra criança, criada em um ambiente de críticas constantes e expectativas irrealistas. Para ela, cada erro pode parecer um fracasso irreparável, levando à insegurança e à aversão ao risco. O ambiente inicial de cada uma dessas crianças terá um impacto duradouro em sua visão de mundo e, consequentemente, em suas conquistas futuras.

No entanto, o ambiente não é um destino fixo. Ele pode ser desafiado, moldado e, em alguns casos, completamente transformado. Um exemplo inspirador é o de Oprah Winfrey. Criada em condições de pobreza extrema, em um ambiente cheio de adversidades, ela se recusou a permitir que essas circunstâncias definissem seu futuro. Ela buscou educação, aproveitou as oportunidades que encontrou e, eventualmente, criou um ambiente próprio onde pôde prosperar e inspirar milhões. Sua história é uma prova de que, embora o ambiente nos influencie, ele não precisa nos limitar.

A influência do ambiente não se restringe à infância ou às condições socioeconômicas. Ela também está presente em nossas escolhas diárias. Considere uma pessoa que decide mudar de carreira aos 40 anos. Se cercar-se de amigos e colegas que a apoiem, que compartilhem experiências semelhantes e que reforcem sua decisão, ela terá mais chances de sucesso. Por outro lado, se ela estiver rodeada de pessoas que expressam dúvidas, críticas ou ceticismo, poderá encontrar dificuldades em manter sua motivação e confiança.

O ambiente físico também desempenha um papel importante. Um espaço organizado e agradável pode aumentar a produtividade e a criatividade, enquanto um ambiente caótico pode gerar estresse e distração. É por isso que muitas pessoas optam por criar "espaços de foco" em suas casas ou escritórios, lugares onde possam se concentrar e canalizar suas energias para o que é importante.

Além disso, o ambiente cultural e social em que vivemos define, em grande parte, o que consideramos conquistas. Em algumas culturas, o sucesso é medido pelo acúmulo de bens materiais; em outras, é pela contribuição à comunidade ou pela harmonia pessoal. Reconhecer essas influências culturais nos ajuda a questionar e redefinir nossos próprios conceitos de conquista. Afinal, o que é essencial para uma pessoa pode ser irrelevante para outra, dependendo do ambiente em que cresceu e vive.

Um exemplo disso está na Corrida Espacial, mencionada anteriormente. Durante a Guerra Fria, o ambiente cultural e político dos Estados Unidos e da União Soviética transformou a exploração espacial em uma questão de orgulho nacional. O mesmo evento, em outro contexto, poderia ter sido interpretado como uma colaboração científica global, mas, naquele momento, o ambiente moldou sua narrativa como uma competição acirrada.

Ainda assim, o ambiente não age sozinho. Nossa interação com ele – a maneira como o percebemos, reagimos e, às vezes, desafiamos – é o que realmente determina seu impacto em nossas vidas. Pense em alguém que cresce em um bairro onde as oportunidades são limitadas. Ele pode aceitar as circunstâncias como imutáveis ou pode usá-las como motivação para buscar algo maior. Essa escolha é um reflexo de sua jornada interior e de sua capacidade de criar um ambiente próprio, mesmo quando o externo não parece favorável.

Por outro lado, reconhecer a influência do ambiente também nos ajuda a tomar decisões mais conscientes. Ao identificar o impacto que pessoas, lugares e contextos têm sobre nós, podemos escolher melhor onde investir nosso tempo e energia. Se queremos crescer, precisamos de ambientes que nutram, desafiem e incentivem. Isso pode significar encontrar um mentor, mudar para um lugar com mais oportunidades ou simplesmente cercar-se de pessoas que acreditam em nossas capacidades.

O ambiente é tanto uma força que nos molda quanto uma oportunidade de moldá-lo. Ele não é uma sentença, mas uma variável que podemos ajustar em nossa equação de conquista. Ao reconhecer sua influência e agir intencionalmente para transformá-lo, criamos as condições ideais para florescer. Afinal, como diz o ditado, "Você não pode mudar o vento, mas pode ajustar as velas."

Capítulo 8

A Importância de Relações Significativas

A Força dos Mentores

Desde os primórdios da civilização, o papel dos mentores foi reconhecido como uma força motriz para a transformação individual e social. Mentores não apenas compartilham conhecimento; eles abrem portas para perspectivas novas, oferecem conselhos cruciais e, muitas vezes, inspiram coragem onde antes havia dúvida. Eles são os guias que nos ajudam a atravessar territórios desconhecidos, mostrando não apenas o caminho, mas também como percorrê-lo com confiança.

A história oferece exemplos claros do impacto que um mentor pode ter na vida de alguém. Aristóteles, ao assumir o papel de mentor de Alexandre, o Grande, influenciou profundamente a visão de mundo do jovem conquistador. Não se tratava apenas de ensinar filosofia ou ciência; Aristóteles moldou em Alexandre a ideia de que governar não era simplesmente dominar, mas também compreender e unificar culturas. Essa visão orientou muitas das campanhas de Alexandre, que buscavam não apenas a expansão territorial, mas também a integração cultural por meio da fundação de cidades e do incentivo à fusão de tradições locais com as gregas.

Mas nem todos os mentores são figuras históricas grandiosas. No cotidiano, encontramos mentores nas formas mais simples – um professor que acredita no potencial de um aluno, um chefe que oferece orientação além das obrigações do trabalho, ou até mesmo um amigo mais experiente que compartilha lições aprendidas com suas próprias lutas. Um exemplo prático disso pode ser encontrado na trajetória de Oprah Winfrey. Quando jovem, ela encontrou em Maya Angelou uma guia que a ajudou a navegar os desafios de sua carreira e da vida pessoal. Maya não apenas ofereceu conselhos, mas também encorajou Oprah a confiar em sua própria voz, a reconhecer seu valor intrínseco e a compartilhar sua história com autenticidade.

Além de inspiração, os mentores muitas vezes fornecem orientação prática, ajudando a evitar erros comuns e economizando tempo e energia em jornadas desafiadoras. Imagine um jovem empreendedor tentando lançar seu primeiro negócio. Sem experiência, ele enfrenta dúvidas constantes sobre qual direção seguir. Ao buscar um mentor – alguém que já trilhou esse caminho antes –, ele não apenas obtém respostas para questões técnicas, mas também aprende a lidar com as incertezas emocionais que acompanham a empreitada. O mentor, com sua sabedoria acumulada, ajuda a transformar o medo em ação estratégica.

É importante lembrar, no entanto, que a relação com um mentor não é passiva. A responsabilidade de quem é orientado é buscar ativamente o aprendizado, aplicar os conselhos recebidos e retribuir de alguma forma, seja ajudando outras pessoas no futuro ou contribuindo para o crescimento do próprio mentor. Essa troca cria uma dinâmica enriquecedora, onde o aprendizado se torna um ciclo contínuo.

A tecnologia também desempenhou um papel importante na democratização do acesso a mentores. Hoje, com plataformas como LinkedIn, redes sociais e programas de mentoria on-line, é possível conectar-se a especialistas de qualquer lugar do mundo. Essa acessibilidade aumentada permite que mais pessoas se beneficiem da orientação de indivíduos que talvez nunca tivessem encontrado em contextos tradicionais. No entanto, isso também exige discernimento: não é porque alguém tem experiência em uma área que será automaticamente um bom mentor. A compatibilidade de valores, objetivos e estilos de comunicação é fundamental para que a relação seja produtiva.

Por outro lado, é importante reconhecer que nem todos os mentores chegam a nós de forma convencional. Às vezes, encontramos mentorias nas páginas de um livro, em um podcast ou até mesmo em um discurso inspirador. Pessoas como Simon Sinek, Brené Brown ou Viktor Frankl, cujas ideias influenciam milhões, assumem o papel de mentores globais, oferecendo sabedoria que transcende barreiras físicas e culturais.

Mentores não apenas nos ajudam a alcançar metas específicas; eles nos ajudam a ver além do imediato, ampliando nossa visão de mundo. Eles desafiam nossas crenças limitantes, perguntam "Por que não?" quando hesitamos, e nos incentivam a pensar em possibilidades maiores do que aquelas que inicialmente imaginamos. Em momentos de dúvida, um mentor pode ser a âncora que nos mantém firmes, ou a vela que nos impulsiona a seguir em frente.

Mas a mentoria não é apenas sobre orientação; é também sobre conexão. Quando um mentor investe tempo, energia e sabedoria em outra pessoa, ele fortalece o tecido humano que conecta todos nós. Essa relação é construída sobre confiança, empatia e o desejo mútuo de crescimento. É um lembrete de que, mesmo em um mundo competitivo, há espaço para colaboração e apoio.

Finalmente, a verdadeira força de um mentor está em sua capacidade de nos ensinar a nos tornarmos nossos próprios guias. O melhor mentor não cria dependência, mas autonomia. Ele não fornece todas as respostas, mas ensina como encontrá-las. Assim, a influência de um mentor se estende muito além do tempo que passamos com ele, moldando nossa abordagem à vida e às conquistas por toda a nossa jornada.

O Poder das Conexões Sociais

O ditado popular "ninguém conquista nada sozinho" é muito mais do que uma frase motivacional. Ele reflete uma verdade essencial sobre a jornada de conquista: as conexões sociais que cultivamos são tão importantes quanto as habilidades e esforços individuais que empregamos. Redes de apoio – sejam elas compostas por amigos, colegas de trabalho, familiares ou comunidades maiores – têm o poder de amplificar nossas capacidades, abrir portas e oferecer um senso de pertencimento que nos motiva a continuar.

Considere o exemplo do Vale do Silício, frequentemente descrito como o epicentro da inovação tecnológica global. O que torna essa região tão extraordinária não é apenas a presença de empresas icônicas como Google, Apple e Tesla, mas a forma como as pessoas se conectam e colaboram. Empreendedores, investidores, engenheiros e acadêmicos trabalham juntos em um ambiente onde o compartilhamento de ideias é incentivado e até mesmo esperado. Essa rede de conexões cria um ecossistema onde o sucesso de um indivíduo ou empresa não é isolado, mas parte de um movimento coletivo. Essa interdependência é o que mantém o Vale do Silício na vanguarda da inovação.

No nível pessoal, conexões sociais têm um impacto direto em nossas conquistas. Imagine alguém que decide começar um negócio do zero. A pessoa pode ter as habilidades técnicas necessárias, mas é improvável que alcance o sucesso sem o apoio de outras pessoas. Um amigo que indica os primeiros clientes, um conhecido que apresenta um investidor em potencial ou até mesmo um colega que fornece insights sobre como estruturar o negócio – cada conexão desempenha um papel significativo. Muitas vezes, são essas relações que tornam possíveis avanços que, sozinhos, poderiam levar anos para se concretizar.

O poder das conexões sociais não se limita a grandes oportunidades ou marcos profissionais. Ele está presente em gestos simples e cotidianos que constroem confiança e solidariedade. Pense em um estudante enfrentando dificuldades acadêmicas. Uma conversa encorajadora com um colega ou professor pode mudar completamente sua percepção sobre suas capacidades. Da mesma forma, no ambiente corporativo, uma equipe coesa e solidária pode superar desafios que pareceriam intransponíveis para indivíduos isolados.

Há também a questão do impacto emocional das conexões sociais. Ter pessoas em quem confiar, que acreditam em nosso potencial e que celebram nossas conquistas, reforça nossa resiliência e autoconfiança. Estudos mostram que indivíduos com redes sociais fortes tendem a ser mais felizes, saudáveis e resilientes. Isso ocorre porque essas conexões criam um senso de pertencimento, validando nossas experiências e nos lembrando de que não estamos sozinhos em nossas jornadas.

Por outro lado, conexões sociais também podem ser um fator de risco quando mal cultivadas. Relações tóxicas ou ambientes de trabalho altamente competitivos, onde a colaboração é substituída pela rivalidade, podem drenar energia, minar a autoestima e dificultar o progresso. É por isso que, assim como selecionamos cuidadosamente nossos objetivos, devemos ser intencionais ao escolher as pessoas com quem nos associamos.

Um exemplo poderoso do impacto das conexões sociais está nas startups. Empreendedores frequentemente mencionam que o sucesso de suas empresas não é apenas resultado de um produto inovador, mas também da rede de pessoas que os apoiaram desde o início. Um investidor que acredita na visão, um cofundador com habilidades complementares e uma equipe dedicada que compartilha os mesmos valores – todos esses elementos são peças de um quebra-cabeça social que, quando bem encaixado, leva ao sucesso.

Mas como criar e nutrir essas conexões? A resposta está em cultivar relacionamentos autênticos e significativos. Isso significa ir além do networking superficial e investir tempo e energia em conhecer verdadeiramente as pessoas, suas motivações e valores. Conexões autênticas não são transacionais; elas são baseadas em reciprocidade, empatia e um interesse genuíno em contribuir para o crescimento mútuo.

A tecnologia desempenha um papel paradoxal nesse processo. Por um lado, ela facilita a criação de conexões globais, permitindo que nos conectemos com pessoas que nunca encontraríamos fisicamente. Por outro lado, a superficialidade das interações digitais muitas vezes dificulta a construção de relações profundas. A chave está em usar a tecnologia como um ponto de partida, mas levar as conexões para níveis mais significativos por meio de conversas reais e colaborações genuínas.

Além disso, é importante reconhecer que as conexões sociais não precisam ser amplas para serem impactantes. Algumas das redes mais poderosas são pequenas, mas fortemente coesas. Pense em grupos de amigos íntimos que se apoiam incondicionalmente ou em equipes de trabalho que operam como unidades altamente integradas. A qualidade das conexões frequentemente supera a quantidade.

Por fim, conexões sociais não são apenas um meio para alcançar objetivos; elas são um fim em si mesmas. O sentimento de estar conectado a algo maior – seja uma comunidade, uma causa ou até mesmo uma amizade individual – é um dos pilares do bem-estar humano. À medida que navegamos pelas complexidades da vida e das conquistas, essas conexões nos ancoram, nos inspiram e nos impulsionam a continuar.

As conexões sociais não são um luxo; são uma necessidade. Elas nos lembram de que, mesmo em nossas jornadas mais solitárias, sempre existem mãos estendidas, prontas para nos ajudar a subir o próximo degrau. Quando investimos nelas com intenção e cuidado, colhemos os frutos de uma rede que não apenas suporta, mas amplifica nossas conquistas.

Relações de Apoio Emocional

Se conexões sociais são os alicerces para construir conquistas, as relações de apoio emocional são a cola que mantém tudo unido. Elas oferecem mais do que encorajamento; proporcionam resiliência, equilíbrio e um espaço seguro para processar os altos e baixos da vida. Sem essas relações, até as maiores vitórias podem parecer vazias e insatisfatórias.

Pense em uma pessoa atravessando um momento de transição. Seja uma promoção no trabalho, o lançamento de um negócio ou uma mudança de cidade, essas situações vêm acompanhadas de desafios emocionais – dúvidas, medos e, às vezes, solidão. Nessas horas, amigos, familiares e parceiros desempenham um papel crucial. Não necessariamente resolvendo problemas, mas oferecendo escuta, compreensão e a simples presença que acalma o coração.

Um exemplo clássico desse tipo de apoio vem do esporte de elite. Atletas que competem em níveis altíssimos frequentemente mencionam que seu sucesso não é apenas resultado de sua disciplina e treino, mas também do apoio emocional que recebem de suas famílias e amigos. Michael Phelps, o nadador mais condecorado da história olímpica, frequentemente destacou o papel de sua mãe em sua trajetória. Mesmo durante os períodos mais sombrios de sua carreira, ela esteve ao seu lado, fornecendo um suporte emocional que lhe permitiu superar obstáculos e continuar perseguindo seus objetivos.

As relações de apoio emocional também são essenciais nos momentos de fracasso. Quando um plano dá errado ou uma meta não é alcançada, é fácil cair na armadilha da autocrítica ou do desespero. No entanto, ouvir de alguém que confia em você frases como "Você deu o seu melhor" ou "Vamos encontrar um novo caminho juntos" pode fazer toda a diferença. Esse tipo de apoio valida os esforços e reforça a ideia de que o valor de uma pessoa não está apenas em seus sucessos, mas também na sua capacidade de continuar tentando.

Relações de apoio emocional não se limitam ao círculo familiar. Elas podem surgir em amizades próximas ou até mesmo em conexões inesperadas. Um colega de trabalho que percebe que você está tendo um dia difícil e oferece um café e uma conversa pode ser o que transforma uma semana estressante em uma experiência gerenciável. Pequenos atos de empatia constroem um senso de comunidade que, ao longo do tempo, fortalece a resiliência emocional de todos os envolvidos.

No entanto, essas relações precisam ser cultivadas. Não basta esperar que os outros percebam o que estamos enfrentando; é necessário comunicar nossas necessidades e abrir espaço para que os outros compartilhem as deles. Vulnerabilidade é a chave. Brené Brown, pesquisadora e autora renomada, afirma que a vulnerabilidade não é uma fraqueza, mas a coragem de se expor emocionalmente. É ela que permite que conexões reais aconteçam.

Pense em uma situação comum: você está sobrecarregado com responsabilidades no trabalho, mas hesita em pedir ajuda por medo de parecer incompetente. Quando finalmente compartilha seus sentimentos com um colega ou amigo, não apenas recebe apoio, mas frequentemente descobre que outras pessoas também estão enfrentando desafios semelhantes. Essa troca cria um laço de compreensão mútua que fortalece ambos os lados.

Relações de apoio emocional também desempenham um papel crucial no equilíbrio entre a vida pessoal e profissional. Em um mundo onde as demandas do trabalho podem facilmente invadir a vida pessoal, ter pessoas que incentivam momentos de descanso, autocuidado e lazer é essencial. São elas que lembram que conquistas externas são vazias sem um senso interno de satisfação e bem-estar.

É importante reconhecer que apoio emocional não significa sempre dizer o que o outro quer ouvir. Às vezes, as palavras mais valiosas são aquelas que desafiam gentilmente, que nos incentivam a enfrentar a realidade e a crescer. Um amigo que diz: "Eu sei que você está com medo, mas acredito que você pode fazer isso" está oferecendo um apoio que vai além do consolo; ele está plantando sementes de coragem.

No entanto, nem todas as relações oferecem apoio emocional genuíno. Algumas podem ser drenantes, manipuladoras ou até mesmo prejudiciais. Identificar essas dinâmicas é crucial para proteger nossa saúde emocional. Relações saudáveis são aquelas onde o apoio é recíproco, onde ambos os lados se sentem ouvidos, valorizados e respeitados.

Relações de apoio emocional não são apenas auxiliares em tempos de dificuldade; elas são catalisadores de alegria. Celebrar conquistas com pessoas que se importam genuinamente é uma experiência que amplifica a satisfação. Pense em uma vitória pessoal, como a conclusão de um projeto ou uma promoção. Compartilhar esse momento com quem torceu por você torna a conquista ainda mais significativa, transformando-a em uma memória duradoura.

No fim, o verdadeiro valor das relações de apoio emocional está em sua capacidade de nos lembrar do que é essencial: conexão, compreensão e amor. Essas relações nos ancoram em momentos de tempestade, nos elevam em momentos de dúvida e celebram conosco em momentos de vitória. Elas são a prova de que, mesmo em nossas jornadas mais individuais, nunca estamos verdadeiramente sozinhos.

Capítulo 9

A Conquista do Tempo

No mundo moderno, onde as demandas competem constantemente pela nossa atenção, priorizar se tornou mais do que uma habilidade; é uma necessidade. Cada notificação no celular, e-mail na caixa de entrada ou tarefa pendente representa um pedido pelo nosso tempo e energia. A questão não é se você tem tempo suficiente, mas como escolhe investir os minutos que possui. Isso é a essência de priorizar.

A base para priorizar o essencial está em uma pergunta simples, mas profunda: "O que é verdadeiramente importante?" Responder a essa pergunta exige uma combinação de autoconhecimento, clareza de objetivos e coragem para fazer escolhas difíceis. Muitas vezes, o desafio não é distinguir entre o que é importante e o que é irrelevante, mas entre o que é importante e o que é urgentemente demandado por outros.

Um exemplo vem do mundo corporativo. Pense em um executivo que passa seus dias apagando incêndios – respondendo e-mails, atendendo ligações e resolvendo crises de última hora. Ele pode sentir que está sendo produtivo, mas, na verdade, está apenas reagindo às demandas externas, em vez de liderar com intenção. Ao usar uma ferramenta como a **Matriz de Eisenhower**, ele pode começar a categorizar tarefas: concentrando-se nas importantes e planejando as urgentes, enquanto delega ou elimina as não essenciais.

Além disso, priorizar o essencial exige coragem para dizer "não." Essa habilidade é subestimada, mas vital. Steve Jobs, por exemplo, foi um mestre em priorizar. Ele disse que a Apple não era definida pelas ideias que escolhia implementar, mas pelas que decidia rejeitar. Esse foco permitiu que a empresa criasse produtos que redefiniram mercados inteiros.

No nível pessoal, priorizar também significa escolher as pessoas e atividades que mais importam. Imagine um profissional que, ao se dedicar exclusivamente à carreira, percebe que está negligenciando a família. Ao redefinir suas prioridades e reservar tempo para momentos de qualidade com seus entes queridos, ele não apenas melhora suas relações pessoais, mas também encontra equilíbrio emocional para lidar melhor com os desafios do trabalho.

Outra abordagem eficaz é o conceito de "prioridades sazonais." Nem tudo precisa ser feito ao mesmo tempo. Há períodos em que sua prioridade pode ser o trabalho, e outros em que a saúde ou os relacionamentos devem estar no topo da lista. Reconhecer essas fases e alinhar suas ações a elas ajuda a evitar o esgotamento.

Priorizar não é apenas uma questão de eficiência; é uma questão de propósito. Quando você escolhe conscientemente onde investir seu tempo, está dizendo "sim" ao que realmente importa e "não" ao que poderia distraí-lo. Essa clareza transforma o gerenciamento do tempo em uma ferramenta para viver uma vida mais alinhada com seus valores e aspirações.

Se priorizar é decidir onde investir seu tempo, encontrar o ritmo certo é garantir que você o utilize de maneira sustentável e eficaz. Ritmo é sobre alinhar suas ações com seus ciclos naturais de energia, respeitando tanto os momentos de produtividade quanto os de pausa.

Um exemplo clássico de ritmo está na agricultura. O agricultor não tenta apressar o crescimento de suas plantações; ele sabe que cada fase tem seu tempo. Da mesma forma, nossas vidas precisam de equilíbrio entre esforço e descanso. Ignorar essa necessidade – tentando manter um ritmo acelerado constantemente – é uma receita para o esgotamento.

O conceito de **estado de fluxo**, popularizado por Mihaly Csikszentmihalyi, exemplifica como o ritmo impacta a produtividade. Quando estamos completamente imersos em uma tarefa, com desafios equilibrados às nossas habilidades, o tempo parece desaparecer e atingimos um nível máximo de desempenho. Mas alcançar esse estado exige eliminar distrações, ajustar o ambiente e, principalmente, escolher atividades que importem.

Respeitar o ritmo também significa estar ciente de seus próprios ciclos de energia. Algumas pessoas são mais produtivas pela manhã, enquanto outras atingem seu pico à tarde ou à noite. Organizar suas tarefas mais importantes durante esses períodos garante um uso mais eficiente do tempo. Por exemplo, um escritor pode reservar suas manhãs para escrever, quando sua mente está mais clara, e deixar tarefas administrativas para o período da tarde.

Além disso, o ritmo está intimamente ligado à presença. No mundo atual, onde o multitarefa é muitas vezes exaltado, focar completamente em uma atividade de cada vez é um ato quase revolucionário. Estar presente em cada momento – seja em uma reunião de trabalho, em um jantar em família ou até mesmo durante o descanso – cria um impacto emocional e prático profundo.

Por fim, respeitar o ritmo inclui aceitar que haverá dias menos produtivos. Isso não é falha, mas parte do ciclo natural. Grandes conquistas não vêm de esforço constante, mas de esforço estratégico. Pausas são tão importantes quanto o trabalho, pois recarregam nossa energia e permitem que continuemos avançando.

Ferramentas e Sistemas: Estruturando o Uso do Tempo

Priorizar e respeitar o ritmo são habilidades fundamentais, mas elas se tornam ainda mais poderosas quando apoiadas por sistemas e ferramentas eficazes. Essas estruturas ajudam a transformar boas intenções em ações consistentes, otimizando o tempo e garantindo que você permaneça no caminho certo.

Uma das ferramentas mais eficazes é o **time blocking**, que envolve reservar blocos específicos de tempo para diferentes tipos de tarefas. Por exemplo, você pode reservar as manhãs para trabalho criativo, as tardes para reuniões e as noites para autocuidado ou tempo com a família. Essa abordagem reduz a incerteza e elimina a necessidade de decidir constantemente o que fazer em seguida.

Outra estratégia útil é a **regra dos 80/20**, que sugere que 80% dos resultados vêm de 20% das ações. Identificar essas tarefas de alto impacto e garantir que elas tenham prioridade em sua agenda é uma maneira poderosa de maximizar a eficiência.

Ferramentas digitais, como aplicativos de gerenciamento de tarefas ou calendários sincronizados, podem ajudar a organizar e acompanhar seu progresso. No entanto, a eficácia dessas ferramentas depende da disciplina de usá-las consistentemente. Um sistema simples, mas bem implementado, é mais útil do que uma abordagem complexa que raramente é seguida.

Outro aspecto crucial é a delegação. Reconhecer que não é possível fazer tudo sozinho e confiar em outros para executar tarefas permite que você se concentre no que realmente importa. Delegar não é apenas uma questão de eficiência; é uma habilidade de liderança que amplifica seu impacto.

Finalmente, sistemas eficazes incluem espaço para a espontaneidade. Uma agenda bem planejada não é inflexível; ela cria margem para aproveitar oportunidades inesperadas ou lidar com imprevistos sem comprometer suas metas principais.

Ao dominar a priorização, encontrar o ritmo certo e implementar sistemas eficazes, você transforma o tempo em um aliado estratégico. Em vez de se sentir sobrecarregado ou preso em um ciclo de demandas constantes, você cria espaço para o que realmente importa, avançando com clareza e propósito. Afinal, conquistar o tempo é, no fundo, conquistar a si mesmo.

Capítulo 10
A Arte de Lidar com Obstáculos

As batalhas mais intensas que enfrentamos em nossas vidas muitas vezes não são contra forças externas, mas contra nós mesmos. Os obstáculos internos – medo, insegurança, dúvida, procrastinação – têm o poder de paralisar até mesmo as pessoas mais talentosas. Como Provérbios 4:23 nos alerta: "Sobre tudo o que se deve guardar, guarda o teu coração, porque dele procedem as saídas da vida." O coração, nesse contexto, simboliza nossos pensamentos e emoções, que moldam não apenas como vemos o mundo, mas como navegamos por ele.

Desde os primórdios da humanidade, as barreiras internas têm sido um tema constante na história. Pense em Davi, o jovem pastor, antes de enfrentar Golias. O gigante representava um desafio físico e externo, mas o verdadeiro obstáculo estava dentro de Davi: ele precisava acreditar que era capaz de vencer, mesmo sendo subestimado por todos ao seu redor. Sua força não veio apenas de sua habilidade com a funda, mas de sua confiança em suas próprias capacidades e na experiência acumulada como pastor enfrentando leões e ursos. Essa vitória interna foi o primeiro passo para sua conquista.

O medo, talvez o mais universal dos obstáculos internos, é tanto um mecanismo de proteção quanto uma prisão psicológica. Ele nos impede de arriscar, de sair da zona de conforto e, muitas vezes, até de tentar. No entanto, como Nelson Mandela observou: "Aprendi que a coragem não é a ausência do medo, mas o triunfo sobre ele." Mandela enfrentou anos de encarceramento, mas usou esse tempo para fortalecer sua mente, em vez de ceder ao desespero. Quando foi libertado, ele não apenas liderou a África do Sul em direção à reconciliação, mas também provou que a verdadeira liberdade começa na mente.

Outro exemplo bíblico que ilustra a superação de obstáculos internos é o de Moisés. Apesar de ser escolhido para liderar os israelitas para fora do Egito, ele inicialmente duvidou de si mesmo. Em Êxodo 4:10, ele expressa sua insegurança: "Ah, Senhor, nunca fui eloqüente... Sou pesado de boca e pesado de língua." Moisés estava tão preso em sua autopercepção limitada que quase recusou sua missão. No entanto, ao aceitar o desafio e confiar no propósito maior, ele não apenas superou suas dúvidas, mas também se tornou um dos maiores líderes da história.

Hoje, muitas pessoas enfrentam desafios semelhantes aos de Davi, Mandela ou Moisés, embora em contextos diferentes. Um empreendedor pode hesitar em lançar um novo negócio, temendo o fracasso. Um estudante pode duvidar de sua capacidade de passar em um exame importante. Esses cenários são comuns, mas o que distingue aqueles que avançam daqueles que permanecem paralisados é a capacidade de enfrentar esses medos e dúvidas de frente.

A procrastinação é outro inimigo interno poderoso. Muitas vezes, ela é confundida com preguiça, mas, na verdade, está enraizada no medo e na dúvida. Quando adiamos tarefas importantes, é frequentemente porque temos medo de falhar ou porque a magnitude do trabalho parece esmagadora. A procrastinação se torna um ciclo vicioso: quanto mais adiamos, mais o medo cresce. Para romper esse ciclo, é necessário dividir as tarefas em partes menores e agir, mesmo que o progresso inicial pareça insignificante.

Um exemplo contemporâneo de superação de barreiras internas é o de J.K. Rowling, autora da série Harry Potter. Antes de alcançar o sucesso, Rowling enfrentou uma série de dificuldades: pobreza, rejeições constantes de editoras e uma batalha contra a depressão.

Ela poderia facilmente ter desistido, convencida de que o mundo não estava interessado em suas histórias. Mas, ao persistir, ela não apenas mudou sua vida, mas também inspirou milhões ao redor do mundo. Sua jornada é um lembrete de que o sucesso raramente é linear e que a vitória começa com a superação das dúvidas internas.

A psicologia moderna oferece várias ferramentas para enfrentar barreiras internas. Uma delas é a reprogramação de narrativas internas. Muitos de nossos medos e inseguranças são alimentados por histórias que contamos a nós mesmos, muitas vezes baseadas em experiências passadas ou críticas que recebemos. Substituir essas narrativas por afirmações positivas e realistas pode ser transformador. Por exemplo, em vez de pensar: "Eu nunca consigo fazer nada certo," adote a narrativa: "Estou aprendendo e melhorando a cada dia."

Outra ferramenta poderosa é a prática da atenção plena. Ao focar no momento presente, podemos evitar ser consumidos por arrependimentos do passado ou ansiedades sobre o futuro. Essa prática não apenas reduz o estresse, mas também nos ajuda a enfrentar desafios com maior clareza e calma.

Eclesiastes 3 nos lembra que "há tempo para tudo." Reconhecer que o crescimento pessoal e a superação de obstáculos internos levam tempo é crucial. Não se trata de erradicar o medo ou a dúvida, mas de aprender a navegar por eles. Cada pequena vitória – enfrentar um medo, completar uma tarefa difícil ou simplesmente persistir diante da adversidade – é um passo em direção à conquista.

Por fim, é importante lembrar que ninguém enfrenta esses desafios sozinho. Assim como Davi contou com sua fé, e Mandela encontrou força em sua visão de justiça, cada um de nós pode buscar apoio em mentores, amigos ou até mesmo em recursos como livros e palestras. Esses aliados podem oferecer perspectivas e encorajamento que ajudam a romper as barreiras internas.

Obstáculos internos são inevitáveis, mas não insuperáveis. Eles são convites para crescer, para nos tornarmos mais fortes e mais conscientes de nosso potencial. Como Provérbios 16:3 aconselha: "Consagre ao Senhor tudo o que você faz, e os seus planos serão bem-sucedidos." Ao enfrentar nossos medos e dúvidas com determinação, abrimos caminho para conquistas que vão além do que imaginamos.

Se os obstáculos internos desafiam nossa mente e emoções, os externos testam nossa habilidade de adaptar, inovar e perseverar. Barreiras como falta de recursos, adversidades sociais e limitações impostas pelo ambiente externo são parte integrante da trajetória de qualquer conquista. Elas são tangíveis e, muitas vezes, parecem intransponíveis, mas a história prova que aqueles que triunfam são os que transformam essas dificuldades em alavancas para o sucesso.

Um dos exemplos mais marcantes na Bíblia sobre a superação de obstáculos externos é a jornada de José, filho de Jacó. Vendido como escravo por seus próprios irmãos, José enfrentou uma série de adversidades: foi levado ao Egito, acusado falsamente de um crime e preso injustamente. No entanto, José não permitiu que essas circunstâncias externas o definissem. Em vez disso, ele usou cada situação como uma oportunidade para demonstrar sua integridade e habilidades. Por meio de trabalho árduo e uma visão estratégica, ele ascendeu de prisioneiro a governador do Egito, salvando a nação e sua própria família da fome. A história de José é um lembrete poderoso de que, mesmo nas condições mais adversas, a atitude e a resiliência podem transformar o impossível em possível.

No mundo moderno, a superação de obstáculos externos continua a ser uma característica definidora de grandes conquistas. Pense em Helen Keller, que perdeu a visão e a audição aos 19 meses de idade. As limitações físicas poderiam ter sido uma barreira intransponível, mas, com o apoio de sua professora Anne Sullivan e uma determinação inabalável, Helen se tornou uma das maiores escritoras e ativistas de sua época. Sua vida demonstra que, quando confrontados com adversidades externas, a criatividade e o apoio social podem abrir caminhos antes inimagináveis.

Outra abordagem crucial para superar barreiras externas é a capacidade de ressignificar adversidades. Como Eclesiastes 7:14 nos ensina: "No dia da prosperidade, goza do bem; mas no dia da adversidade, considera." Adversidades não são apenas desafios, mas oportunidades para reconsiderar estratégias, aprender e crescer. Nelson Mandela, por exemplo, transformou os 27 anos que passou na prisão em um período de reflexão e aprendizado. Quando foi libertado, ele estava preparado não apenas para liderar, mas para reconciliar uma nação inteira, usando as lições aprendidas durante sua reclusão.

No contexto empresarial, obstáculos externos frequentemente assumem a forma de recursos limitados ou competição intensa. No entanto, muitas startups bem-sucedidas começaram enfrentando exatamente esses desafios. Um exemplo notável é o da Apple, que começou na garagem de Steve Jobs e Steve Wozniak, com recursos escassos, mas uma visão ousada. Eles superaram essas limitações concentrando-se na inovação e na qualidade, transformando a empresa em uma das maiores do mundo.

Uma estratégia essencial para lidar com barreiras externas é a construção de redes de apoio. Assim como Moisés contou com Aarão para ajudá-lo a liderar os israelitas, pessoas em busca de grandes conquistas frequentemente encontram força em aliados. Cercar-se de mentores, parceiros ou até mesmo equipes comprometidas pode fazer toda a diferença. No entanto, essas relações precisam ser cultivadas com cuidado, baseadas em confiança mútua e objetivos compartilhados.

Adaptação também é uma habilidade indispensável. Os obstáculos externos nem sempre podem ser eliminados, mas podem ser contornados ou usados a seu favor. Considere o exemplo de Thomas Edison, que falhou inúmeras vezes antes de inventar a lâmpada elétrica. Em vez de ver suas tentativas fracassadas como derrotas, ele as considerava como parte do processo de aprendizado, afirmando: "Eu não falhei. Apenas descobri 10.000 maneiras que não funcionam." Essa mentalidade transformou desafios em degraus para o sucesso.

Por outro lado, a superação de barreiras externas também exige planejamento estratégico. Muitas vezes, o que parece ser um obstáculo intransponível pode ser superado com uma análise cuidadosa e uma abordagem bem estruturada. Na Bíblia, a travessia do Mar Vermelho liderada por Moisés exemplifica isso. Quando os israelitas estavam encurralados entre o exército egípcio e o mar, parecia não haver saída. Mas Moisés, guiado por sua fé e visão estratégica, liderou o povo por um caminho improvável, provando que mesmo as barreiras mais assustadoras podem ser vencidas com liderança e determinação.

Finalmente, é importante reconhecer que as barreiras externas frequentemente têm um impacto emocional significativo. O desânimo diante de dificuldades pode minar a confiança e a energia. É aqui que a prática da gratidão e da perspectiva se torna crucial. Lembrar-se das conquistas passadas e das razões pelas quais você começou sua jornada pode reenergizar e inspirar a persistência.

Como Provérbios 3:5-6 aconselha: "Confia no Senhor de todo o teu coração e não te estribes no teu próprio entendimento. Reconhece-o em todos os teus caminhos, e ele endireitará as tuas veredas." Confiar que há um propósito maior, mesmo nos momentos de dificuldade, oferece força para continuar.

Obstáculos externos são inevitáveis, mas não invencíveis. Ao enfrentá-los com resiliência, criatividade e uma rede de apoio sólida, não apenas superamos as barreiras, mas também nos tornamos mais fortes e preparados para desafios futuros. A história de José, as lições de Mandela e os exemplos modernos de inovação provam que as limitações externas, quando abordadas estrategicamente, podem se transformar em plataformas para o sucesso.

As relações humanas são ao mesmo tempo uma das maiores fontes de força e dos mais desafiadores obstáculos na jornada de conquista. Enquanto conexões significativas nos impulsionam, conflitos, críticas e diferenças podem se tornar barreiras que, se não gerenciadas adequadamente, minam até mesmo os esforços mais promissores. Obstáculos relacionais exigem mais do que estratégia; demandam empatia, comunicação e uma liderança ética.

Na Bíblia, um dos exemplos mais emblemáticos de como navegar conflitos vem do rei Salomão, cuja sabedoria foi testada em um caso envolvendo duas mulheres que reivindicavam a maternidade de um bebê. Salomão propôs dividir a criança ao meio, e sua decisão revelou a verdadeira mãe, que preferiu abrir mão do filho para que ele pudesse viver. Esse episódio ilustra a importância de ir além das aparências e buscar a essência do conflito, encontrando soluções que não apenas resolvam, mas também tragam clareza.

Conflitos surgem em todos os contextos, sejam eles familiares, profissionais ou sociais. A chave para lidar com eles está na compreensão de que não são os conflitos em si que destroem relações ou iniciativas, mas a forma como são gerenciados. Provérbios 15:1 nos ensina: "A resposta branda desvia o furor, mas a palavra dura suscita a ira." Essa sabedoria atemporal nos lembra que o tom e a abordagem muitas vezes são mais importantes do que o conteúdo da mensagem.

Um exemplo contemporâneo de navegação de conflitos vem do mundo corporativo. Quando Howard Schultz retornou à Starbucks como CEO, a empresa enfrentava desafios internos e externos significativos. Havia desacordos dentro da equipe, perda de direção estratégica e insatisfação dos funcionários. Schultz não apenas lidou com as questões financeiras e operacionais, mas também se concentrou em reconstruir a confiança entre os colaboradores, criando um ambiente de trabalho mais colaborativo. Sua abordagem mostrou que superar obstáculos relacionais é essencial para resolver problemas mais amplos.

Um aspecto importante de lidar com obstáculos relacionais é a empatia estratégica – a capacidade de entender as motivações, medos e expectativas dos outros sem perder de vista seus próprios objetivos. Isso não significa ceder a todas as demandas, mas criar um espaço onde ambas as partes sintam que suas perspectivas são valorizadas. Essa abordagem fortalece a confiança e constrói pontes, mesmo em situações de alta tensão.

Pense na relação entre Moisés e os israelitas durante sua jornada no deserto. Moisés enfrentou reclamações constantes, descontentamento e até rebeliões. Ele poderia ter sucumbido à frustração, mas escolheu liderar com paciência e compreensão, reconhecendo que as queixas muitas vezes vinham do medo e da incerteza. Sua habilidade de equilibrar firmeza com empatia foi crucial para manter o povo unido em direção ao objetivo maior.

Obstáculos relacionais também surgem em negociações. Um exemplo histórico poderoso é o de Abraham Lincoln durante a Guerra Civil Americana. Em vez de tratar seus adversários políticos com hostilidade, Lincoln adotou uma abordagem de reconciliação, incluindo até mesmo seus oponentes em sua administração. Ele reconheceu que superar divisões era fundamental para reconstruir o país. Sua liderança mostrou que a força real não está em esmagar o adversário, mas em encontrar um terreno comum para avançar juntos.

No entanto, navegar conflitos exige mais do que empatia; também requer autocontrole. Eclesiastes 7:9 nos adverte: "Não te apresses em irar-te, porque a ira repousa no íntimo dos tolos." Responder impulsivamente ou com agressividade pode agravar os conflitos, enquanto uma abordagem ponderada cria espaço para soluções construtivas. Em situações difíceis, pausar para refletir antes de reagir pode mudar completamente o curso de uma conversa.

Uma ferramenta prática para lidar com conflitos é a comunicação assertiva. Isso significa expressar suas necessidades e preocupações de forma clara e respeitosa, sem atacar ou culpar o outro. Por exemplo, em vez de dizer: "Você nunca me escuta," uma abordagem assertiva seria: "Eu me sinto ignorado quando minhas ideias não são consideradas." Essa mudança no tom e na escolha das palavras reduz a defensividade e abre espaço para o diálogo.

Outro elemento essencial é o perdão, que muitas vezes é subestimado como uma ferramenta de superação de barreiras relacionais. Quando José reencontrou os irmãos que o traíram, ele poderia ter escolhido a vingança. Em vez disso, ele os perdoou, restaurando laços familiares e fortalecendo sua posição como líder. O perdão não significa ignorar os erros, mas liberar o peso emocional que eles carregam, permitindo que ambas as partes avancem.

No mundo corporativo, conflitos entre equipes ou departamentos podem paralisar projetos inteiros. Empresas que investem em mediação e resolução de conflitos não apenas superam essas barreiras, mas também criam culturas organizacionais mais fortes. Um exemplo é a Pixar, que incentiva debates saudáveis durante o desenvolvimento de filmes. A empresa reconhece que conflitos bem gerenciados podem levar a soluções criativas e inovadoras.

Por fim, obstáculos relacionais também testam nossa capacidade de construir alianças duradouras. Provérbios 27:17 afirma: "Assim como o ferro afia o ferro, o homem afia o seu companheiro." Conflitos, quando abordados com sabedoria, podem fortalecer as relações, transformando adversários em aliados. A jornada de conquista é longa, e ter ao seu lado pessoas que compartilham sua visão e valores é um dos maiores ativos.

Obstáculos relacionais não devem ser temidos, mas compreendidos e abordados com estratégia, empatia e paciência. Eles são uma oportunidade para demonstrar liderança ética, fortalecer conexões e encontrar soluções que vão além do imediato. Ao navegar esses desafios com sabedoria, não apenas superamos barreiras, mas também construímos fundações mais fortes para futuras conquistas.

Capítulo 11
O início: A construção de uma base sólida

A confiança é o alicerce de qualquer relacionamento humano, seja em ambientes pessoais, profissionais ou até mesmo em sociedades inteiras. Sem confiança, não há progresso; com ela, as portas mais inacessíveis se abrem. É a moeda universal que transcende culturas, gerações e situações. Provérbios 22:1 nos lembra: "Mais vale o bom nome do que muitas riquezas; e o ser estimado é melhor do que a prata e o ouro." Construir essa base sólida é o primeiro passo para qualquer conquista significativa.

A confiança não surge do acaso. É uma construção deliberada, que exige tempo, consistência e, acima de tudo, integridade. Gandhi, por exemplo, é lembrado como um dos líderes mais confiáveis da história, não por causa de seu carisma ou oratória, mas porque suas palavras e ações eram inseparáveis. Quando Gandhi prometia um jejum ou uma ação não violenta, ele seguia fielmente seus princípios, mesmo sob extrema pressão. Essa coerência transformou sua mensagem em um movimento que inspirou milhões.

A psicologia nos ensina que a confiança é formada por três pilares principais: competência, benevolência e integridade. Competência é a percepção de que alguém tem as habilidades necessárias para cumprir o que promete. Benevolência é a certeza de que a outra parte tem boas intenções e se preocupa genuinamente com o bem-estar do outro. Integridade é a convicção de que essa pessoa agirá de forma ética, mesmo quando ninguém estiver olhando.

No contexto de liderança, esses pilares se manifestam claramente. Um líder que é competente, mas carece de integridade, pode atrair seguidores temporariamente, mas inevitavelmente os perderá quando suas ações traírem suas palavras. Da mesma forma, um líder benevolente, mas incompetente, terá dificuldade em ganhar a confiança necessária para liderar. É o equilíbrio entre essas qualidades que constrói a verdadeira credibilidade.

Para ilustrar, consideremos a trajetória de Nelson Mandela. Após 27 anos de prisão, ele emergiu como um símbolo de reconciliação e perdão. Mandela poderia ter usado sua posição para incitar vingança contra aqueles que o oprimiram, mas escolheu um caminho diferente. Ele priorizou a construção de uma confiança nacional, mostrando benevolência para com seus antigos inimigos e competência na liderança de uma nação dividida. Sua integridade inabalável uniu milhões sob uma visão comum de paz.

A construção de confiança também se aplica a interações cotidianas. Pense em um empresário que promete um serviço de qualidade, mas entrega algo inferior. A confiança é imediatamente quebrada, e sua reputação sofre. Por outro lado, quando um empreendedor supera as expectativas, entregando mais do que prometeu, ele não apenas constrói confiança, mas também fidelidade.

Em um mundo onde as interações digitais são frequentes, a confiança se torna ainda mais crucial. As pessoas confiam em marcas, produtos e serviços que nunca viram pessoalmente. Empresas como Amazon e Apple entenderam isso desde cedo e construíram seus impérios com base na confiabilidade. Entregas pontuais, suporte excepcional e produtos consistentes criaram uma base de consumidores que não apenas confiam, mas defendem essas marcas.

No entanto, a confiança não é uma estrada de mão única. Assim como esperamos que os outros sejam confiáveis, devemos estar dispostos a demonstrar nossa própria confiabilidade. Isso significa cumprir compromissos, ser transparente sobre nossas intenções e admitir erros quando eles acontecem. A vulnerabilidade, nesse contexto, não é uma fraqueza, mas uma força. Quando admitimos nossas falhas, mostramos humanidade e reforçamos a conexão com os outros.

Finalmente, a confiança é reforçada pelo tempo e pela consistência. Pequenos atos de confiabilidade acumulados ao longo do tempo criam uma reputação sólida. Assim como um arquiteto coloca cada tijolo com cuidado para construir uma fundação estável, cada ação confiável é um tijolo na construção de uma base que suporta as maiores conquistas.

Como Eclesiastes 7:1 afirma: "Melhor é a boa fama do que o melhor ungüento, e o dia da morte do que o dia do nascimento." Essa passagem nos lembra que nossa reputação – construída pela confiança que inspiramos nos outros – é um legado que perdura muito além de nossa presença física. A construção dessa base é o início de qualquer grande jornada, e sem ela, mesmo as melhores estratégias e planos podem desmoronar.

O que sustenta uma conquista duradoura

Uma base sólida de conquistas não se ergue apenas sobre confiança; ela precisa ser sustentada por valores claros e por um propósito que transcenda o momento. Enquanto a confiança conecta, os valores e o propósito guiam. Eles são como a bússola que aponta o caminho certo mesmo em meio a tempestades. Sem eles, as conquistas perdem o significado, e o legado se torna efêmero.

Desde os primórdios, o conceito de valores sempre esteve associado à sobrevivência e ao progresso humano. As primeiras comunidades não apenas compartilhavam recursos; compartilhavam crenças e princípios que moldavam seu comportamento coletivo. Valores como lealdade, coragem e justiça não eram abstratos; eram guias práticos que mantinham essas comunidades unidas e protegidas. Essas fundações ainda ecoam nas sociedades contemporâneas.

No entanto, valores só têm força quando aliados a um propósito maior. Viktor Frankl, em sua obra **"Em Busca de Sentido"**, descreve o propósito como a força que move o ser humano a resistir mesmo nas condições mais adversas. Frankl sobreviveu ao Holocausto porque encontrou significado em sua luta, vendo sua sobrevivência como uma missão para compartilhar suas lições com o mundo. Ele provou que, sem um "porquê", os seres humanos sucumbem ao peso das adversidades.

O propósito, quando genuíno, transforma a visão individual em impacto coletivo. Um exemplo claro é o de Martin Luther King Jr., cujo propósito – lutar por igualdade racial – transcendeu suas palavras e ações, criando um movimento global. Sua frase icônica, "I have a dream," era muito mais do que uma declaração de esperança. Era uma convocação aos valores de justiça, liberdade e dignidade, que ressoaram em milhões de pessoas. É essa convergência entre valores e propósito que cria revoluções sociais e transforma líderes em lendas.

No entanto, valores e propósito não são apenas para grandes líderes. No mundo corporativo, empresas que prosperam ao longo do tempo são aquelas que alinham suas ações a princípios claros. A Apple, por exemplo, não vende apenas tecnologia; ela vende a ideia de inovação, simplicidade e empoderamento. Esse alinhamento entre valores e propósito cria uma lealdade quase religiosa entre seus consumidores. Por outro lado, quando empresas traem seus valores – como escândalos éticos ou desrespeito aos clientes – elas perdem credibilidade rapidamente.

A força dos valores está em sua capacidade de permanecer inabalável mesmo diante de pressões. Um exemplo notável é o de Mahatma Gandhi, cuja luta pela independência da Índia foi marcada por um compromisso inabalável com a não violência. Apesar de enfrentar violência, repressão e críticas, Gandhi se manteve fiel a seus princípios. Essa coerência não apenas reforçou sua liderança, mas também inspirou milhões a acreditarem que um propósito maior podia ser alcançado sem comprometer valores éticos.

Valores também funcionam como âncoras pessoais. Pense na jornada de um profissional que decide abandonar uma carreira lucrativa, mas desalinhada com seus princípios, para seguir um caminho mais alinhado com seu propósito. Embora a mudança pareça arriscada, a satisfação que vem de viver de acordo com seus valores supera qualquer recompensa material. Essa é a essência de uma base sólida: estar enraizado em princípios que resistem às mudanças externas.

O propósito, por sua vez, fornece a motivação para continuar, mesmo quando os resultados não são imediatos. Em tempos de crise, é o propósito que mantém a visão clara e a determinação firme. Winston Churchill, durante a Segunda Guerra Mundial, exemplificou essa resiliência ao inspirar o povo britânico a resistir, mesmo quando as probabilidades pareciam insuperáveis. Sua liderança era sustentada pela crença de que a liberdade e a democracia eram valores inegociáveis, e seu propósito uniu uma nação em tempos sombrios.

No entanto, valores e propósito precisam ser genuínos. O público, seja em contextos pessoais ou profissionais, é sensível à autenticidade. Qualquer desalinhamento entre palavras e ações pode ser desastroso. Líderes que afirmam defender a integridade, mas agem de maneira desonesta, não apenas perdem sua base de apoio, mas também corroem a própria ideia de liderança.

Eclesiastes 3:11 afirma: "Tudo fez Deus formoso no seu devido tempo; também pôs a eternidade no coração do homem." Isso sugere que o ser humano tem um desejo inato de buscar algo maior do que ele mesmo. Valores e propósito atendem a esse chamado, elevando a vida cotidiana para algo significativo. Eles transformam conquistas passageiras em legados duradouros.

Finalmente, valores e propósito são essenciais para superar os desafios inevitáveis no caminho da conquista. Quando o terreno é incerto e as dificuldades parecem insuperáveis, é o compromisso com princípios e objetivos maiores que fornece clareza e resiliência. Como uma fundação sólida, eles não apenas sustentam, mas também direcionam o caminho para o próximo passo.

A importância da coerência

Coerência é a ponte entre o que acreditamos e o que fazemos. É ela que transforma valores e propósitos em ações práticas e visíveis. Sem coerência, a confiança se desfaz, os valores perdem credibilidade e o propósito se esvazia. É a coerência que sustenta a base de toda conquista significativa, e sua ausência é o catalisador de fracassos inevitáveis.

A história está repleta de exemplos que ilustram como a coerência – ou a falta dela – define destinos. Em Provérbios 10:9, lemos: "Quem anda com integridade, anda seguro; mas quem segue caminhos tortuosos será descoberto." Essa verdade atemporal reflete a realidade de que ações desalinhadas com palavras inevitavelmente expõem fraquezas e falhas. A coerência é o escudo que protege líderes, organizações e indivíduos das consequências de suas próprias contradições.

Um exemplo marcante de coerência é a liderança de Abraham Lincoln durante a Guerra Civil Americana. Lincoln não apenas falou sobre igualdade e liberdade, mas também agiu com base nesses princípios, mesmo quando enfrentava oposição feroz. Sua decisão de emitir a Proclamação da Emancipação, libertando escravos nos estados confederados, não foi apenas um ato político; foi uma expressão inegociável de seus valores. Essa coerência entre palavras e ações consolidou sua reputação como um líder ético e visionário, capaz de unir uma nação dividida.

Por outro lado, a falta de coerência frequentemente leva à ruína. Quando líderes ou organizações dizem uma coisa e fazem outra, a confiança é quebrada, muitas vezes de forma irreparável. Um exemplo contemporâneo é o de empresas que promovem sustentabilidade e responsabilidade social apenas no marketing, mas cujas práticas revelam exploração e danos ambientais. Quando essas inconsistências são expostas, o impacto na reputação e nos negócios pode ser devastador.

A coerência é especialmente importante em tempos de crise. Quando as circunstâncias são desafiadoras, é tentador comprometer princípios para alcançar resultados imediatos. No entanto, líderes que permanecem fiéis a seus valores, mesmo sob pressão, criam legados duradouros. Pense em Angela Merkel, que, durante a crise migratória europeia de 2015, enfrentou críticas e desafios políticos significativos, mas manteve sua posição de acolher refugiados, alinhada a seus princípios humanitários. Essa coerência fortaleceu sua posição como uma das líderes mais respeitadas do século XXI.

No nível pessoal, a coerência também desempenha um papel crucial. Imagine um pai que ensina seus filhos sobre honestidade, mas frequentemente mente em situações cotidianas. As crianças não aprendem com palavras, mas com exemplos. Da mesma forma, em um ambiente profissional, um líder que exige pontualidade, mas constantemente chega atrasado, mina sua própria autoridade. Coerência é, portanto, mais do que uma questão de integridade; é a base sobre a qual se constrói respeito e influência.

A filosofia estoica oferece insights valiosos sobre a importância da coerência. Sêneca, em suas cartas, enfatizou que "as palavras instruem, mas os exemplos arrastam." Para os estoicos, a coerência não era apenas uma virtude, mas uma forma de viver em harmonia com a natureza e os princípios universais. Essa perspectiva ressoa no mundo contemporâneo, onde a autenticidade – a capacidade de viver de forma alinhada com os valores – é cada vez mais valorizada.

Coerência, no entanto, não significa perfeição. Todos cometemos erros e, às vezes, falhamos em viver de acordo com nossos próprios padrões. O que diferencia líderes e indivíduos respeitados é a disposição de reconhecer essas falhas e corrigi-las. Admissões genuínas de erro não apenas restauram a confiança, mas também mostram humanidade e humildade, fortalecendo a conexão com os outros.

A coerência também é essencial para organizações que desejam se destacar em um mercado competitivo. Empresas que alinham sua missão e valores às suas práticas diárias criam uma identidade forte e confiável. Um exemplo disso é a Patagonia, marca de roupas outdoor conhecida por seu compromisso com a sustentabilidade. Desde a produção até as campanhas publicitárias, a empresa demonstra um alinhamento inabalável com seus valores ambientais. Essa coerência não apenas atrai consumidores leais, mas também inspira outras empresas a seguir o exemplo.

Por outro lado, a falta de coerência em uma organização pode gerar confusão e desmotivação entre os colaboradores. Funcionários que percebem uma desconexão entre o que a liderança prega e o que pratica tendem a se sentir desengajados e céticos em relação à missão da empresa. Isso reforça a importância de líderes exemplificarem os valores organizacionais em suas ações cotidianas.

Finalmente, a coerência é o que permite que valores e propósitos resistam ao teste do tempo. Ela é o cimento que mantém a base sólida, mesmo quando a construção enfrenta tempestades. Como Eclesiastes 7:1 nos lembra, "melhor é a boa fama do que o melhor ungüento." Essa fama, construída sobre a coerência, é o legado que permanece, mesmo após as conquistas individuais ou organizacionais terem sido alcançadas.

A coerência não é apenas uma virtude; é uma ferramenta prática para alcançar e sustentar o sucesso. Ela une confiança, valores e propósito em uma base sólida que resiste às adversidades. Ao praticar coerência, garantimos que nossas ações falem tão alto quanto nossas palavras, inspirando outros e criando conquistas que verdadeiramente importam.

Capítulo 12
Estratégia e Planejamento

A visão é o ponto de partida de qualquer conquista. Sem ela, toda ação é desorientada, todo esforço é desperdiçado. Aqueles que alcançam grandes feitos, seja no âmbito pessoal, empresarial ou social, são os que conseguem imaginar o futuro antes que ele se materialize. Eles antecipam o que outros não veem, traçando rotas que transformam o invisível em realidade palpável.

A importância de antecipar é universal. Em tempos antigos, estrategistas militares como Sun Tzu já entendiam que a vitória dependia mais de planejamento do que de força bruta. Em **"A Arte da Guerra"**, Sun Tzu afirmou: "Toda batalha é vencida antes de ser travada." Essa lição, embora nascida no campo de batalha, aplica-se igualmente ao mundo contemporâneo. Empreendedores, líderes e até indivíduos em suas vidas pessoais enfrentam "batalhas" diárias que exigem uma preparação cuidadosa.

Um exemplo claro de visão antecipatória é a trajetória de Steve Jobs, cofundador da Apple. Nos anos 1980, Jobs percebeu que o futuro da computação estava na interface amigável, algo que permitisse que qualquer pessoa usasse um computador sem a necessidade de conhecimentos técnicos avançados. Essa visão, que parecia irrealista para muitos na época, transformou o mercado de tecnologia e moldou a cultura digital que conhecemos hoje. Ele não apenas viu o futuro; ele o construiu.

Na psicologia, o conceito de *pronoia* – a crença de que o universo conspira a nosso favor – oferece um contraponto interessante à paranoia. Esse estado mental positivo incentiva as pessoas a imaginarem possibilidades, em vez de barreiras. Essa atitude mental não elimina os desafios, mas transforma a forma como os encaramos. Quando vemos os problemas como oportunidades mascaradas, nossa abordagem ao planejamento muda completamente.

A visão antecipatória exige mais do que otimismo; ela requer análise e reflexão. Grandes estrategistas, como Napoleão Bonaparte, eram mestres em prever os movimentos de seus oponentes e posicionar seus recursos de maneira a tirar vantagem disso. Napoleão dizia: "Nunca interrompa o inimigo enquanto ele está cometendo um erro." Essa paciência estratégica, combinada com a capacidade de enxergar além do presente, permitiu-lhe conquistar vastos territórios e redefinir o mapa da Europa.

No entanto, a visão deve ser acompanhada de um propósito claro. Sem um objetivo concreto, a antecipação pode se tornar mera especulação. Um visionário não é apenas alguém que vê o que outros não veem, mas alguém que sabe por que está olhando nessa direção. Empresas como Tesla e SpaceX, sob a liderança de Elon Musk, exemplificam isso. Musk não apenas visualizou um futuro de energia sustentável e exploração espacial; ele conectou essas visões a um propósito tangível – a sobrevivência e prosperidade da humanidade.

Planejar a partir de uma visão clara também implica aceitar a possibilidade de ajustes. A visão é o norte, mas os caminhos podem mudar. Adaptar-se a novas informações ou circunstâncias faz parte do processo estratégico. Isso nos leva a um princípio essencial: a visão deve ser resiliente, mas não rígida. Um general que insiste em marchar por um caminho bloqueado pelo inimigo, em vez de procurar rotas alternativas, condena sua tropa ao fracasso.

Finalmente, a visão antecipatória é um exercício de imaginação pragmática. Não se trata de fantasias irreais, mas de criar cenários futuros plausíveis e trabalhar para torná-los reais. Essa prática não apenas nos prepara para o que está por vir, mas também nos dá uma vantagem significativa sobre aqueles que vivem apenas no presente.

O Alinhamento das Forças

Se a visão é o que dá direção à estratégia, o alinhamento de recursos é o que a torna exequível. Em qualquer conquista significativa, seja pessoal, empresarial ou social, a organização e a preparação dos recursos disponíveis são tão importantes quanto o objetivo em si. Sem essa etapa, mesmo a visão mais grandiosa se torna um castelo de areia, incapaz de resistir aos desafios inevitáveis do caminho.

Na história, grandes líderes demonstraram o impacto de um alinhamento eficaz. Considere Alexandre, o Grande, cujas conquistas foram sustentadas por sua habilidade de alinhar exércitos, suprimentos e informações. Alexandre sabia que não bastava ter o melhor exército; era necessário garantir que suas tropas estivessem bem abastecidas, motivadas e coordenadas. Antes de atravessar desertos ou enfrentar exércitos imponentes, ele planejava cada detalhe logístico, transformando desafios em vantagens estratégicas. Essa atenção ao alinhamento permitiu que ele conquistasse territórios vastos e culturalmente diversos, deixando um legado que transcendeu sua vida curta.

O alinhamento de forças não se limita ao contexto militar. No mundo corporativo, empresas bem-sucedidas entendem que uma estratégia eficaz exige a integração de recursos humanos, financeiros e tecnológicos. Um exemplo contemporâneo é a Amazon, cujo modelo de negócios se baseia em um alinhamento impecável entre tecnologia (plataformas online e algoritmos de recomendação), logística (sistemas de entrega altamente eficientes) e capital humano (uma força de trabalho global). Esse alinhamento não apenas tornou a Amazon um gigante do comércio eletrônico, mas também redefiniu as expectativas dos consumidores em todo o mundo.

No nível individual, o alinhamento dos próprios recursos – tempo, energia, habilidades e redes de apoio – é essencial para alcançar metas ambiciosas. Muitos fracassos pessoais não decorrem da falta de talento ou esforço, mas de uma má organização. Por exemplo, um empreendedor pode ter uma ideia brilhante, mas, se não alinhar suas finanças, habilidades e relacionamentos para apoiar essa ideia, ela dificilmente sairá do papel.

A antropologia nos ensina que o alinhamento de forças é um conceito tão antigo quanto a humanidade. Nas primeiras comunidades, a sobrevivência dependia de uma distribuição eficiente de tarefas. Caçadores, coletores e cuidadores desempenhavam papéis diferentes, mas complementares. Esse alinhamento não apenas garantia a sobrevivência do grupo, mas também permitia que ele prosperasse. Hoje, essa lição continua relevante: o sucesso coletivo exige que cada indivíduo esteja alinhado com o objetivo maior, contribuindo com suas forças únicas.

Porém, o alinhamento não é apenas uma questão de logística; ele também é emocional e cultural. As pessoas se alinham melhor a uma causa ou organização quando compartilham valores e propósito. Líderes que conseguem inspirar uma visão comum e conectar as motivações individuais ao objetivo coletivo têm mais facilidade em alinhar suas equipes. Pense em empresas como a Patagonia, que atrai e retém talentos porque seus funcionários se sentem alinhados com os valores ambientais e éticos da marca. Esse tipo de alinhamento cria não apenas eficiência, mas também lealdade e paixão.

Por outro lado, a falta de alinhamento pode ser desastrosa. Organizações onde as metas dos departamentos estão desalinhadas frequentemente enfrentam conflitos internos, desperdício de recursos e resultados medíocres. Em um exemplo clássico, a falência da Kodak é frequentemente atribuída à incapacidade da empresa de alinhar suas forças internas para se adaptar à era digital. Embora a Kodak tivesse as tecnologias e talentos necessários para liderar o mercado de fotografia digital, a resistência interna e a falta de coordenação impediram a implementação de uma estratégia coesa.

Além disso, o alinhamento exige clareza. É papel dos líderes garantir que todos compreendam não apenas o objetivo final, mas também como suas contribuições específicas se encaixam no quadro geral. Isso pode ser feito por meio de comunicação transparente, definição clara de papéis e responsabilidades, e métricas que monitoram o progresso em direção às metas. A clareza reduz mal-entendidos, melhora a eficiência e garante que todos estejam trabalhando na mesma direção.

Outro elemento crucial é a flexibilidade. O alinhamento não significa rigidez. À medida que circunstâncias externas mudam, a capacidade de realocar recursos e ajustar estratégias é fundamental. Um exemplo inspirador é a resposta da General Motors durante a Segunda Guerra Mundial. Quando o mercado automotivo encolheu devido ao esforço de guerra, a GM rapidamente realinhou seus recursos para produzir equipamentos militares. Essa adaptação não apenas sustentou a empresa durante o conflito, mas também fortaleceu sua reputação como um pilar industrial dos Estados Unidos.

Finalmente, o alinhamento eficaz requer uma avaliação constante. Líderes e indivíduos devem revisar regularmente seus recursos e estratégias para garantir que ainda estejam alinhados com os objetivos. Assim como um músico afina seu instrumento antes de cada apresentação, a estratégia deve ser ajustada para refletir mudanças no ambiente e novas prioridades.

O alinhamento das forças é o coração do planejamento estratégico. Ele transforma recursos dispersos em uma força coesa, pronta para enfrentar desafios e aproveitar oportunidades. Sem ele, a visão é apenas um sonho. Com ele, a visão se torna uma conquista iminente.

A paciência do General

A paciência, frequentemente subestimada em sua força estratégica, é uma virtude essencial na arte da conquista. Em um mundo que valoriza ações rápidas e respostas imediatas, o poder de esperar pelo momento certo pode ser o diferencial entre sucesso e fracasso. Saber quando avançar não é apenas um instinto; é uma habilidade desenvolvida por meio de reflexão, análise e domínio emocional.

Ao longo da história, grandes líderes demonstraram o impacto da paciência estratégica. Um exemplo icônico é o de Winston Churchill durante a Segunda Guerra Mundial. Em meio ao bombardeio alemão sobre Londres e à pressão para retaliar, Churchill optou por uma abordagem cautelosa, aguardando o momento certo para contra-atacar. Essa paciência permitiu que os Aliados concentrassem recursos, fortalecessem alianças e eventualmente virassem o curso da guerra. Churchill entendeu que a ação precipitada poderia comprometer toda a estratégia de longo prazo.

No entanto, a paciência não é sinônimo de inação. Pelo contrário, é um estado de prontidão estratégica, onde cada momento de espera é usado para observar, planejar e preparar. A filosofia estoica oferece insights profundos sobre isso. Sêneca escreveu: "Nada é mais honroso do que uma mente tranquila em tempos de agitação." Essa tranquilidade, que vem do domínio emocional, permite que os estrategistas vejam o quadro completo antes de tomar decisões críticas.

No mundo contemporâneo, o conceito de paciência estratégica é amplamente aplicável. Considere o mercado financeiro, onde investidores bem-sucedidos frequentemente praticam o que Warren Buffett chama de "investimento paciente." Enquanto muitos buscam lucros rápidos, Buffett ensina que as melhores oportunidades surgem para aqueles que esperam o momento certo para agir. Ele diz: "O mercado é um mecanismo de transferência de dinheiro dos impacientes para os pacientes." Essa abordagem, baseada em análises cuidadosas e decisões informadas, o tornou um dos homens mais ricos e respeitados do mundo.

A paciência também se manifesta em situações cotidianas, como a gestão de projetos ou negociações. Em negociações complexas, por exemplo, a habilidade de esperar pelo momento certo para apresentar uma proposta ou responder a uma oferta pode determinar o resultado. Aqueles que cedem à pressão do tempo frequentemente cometem erros ou aceitam termos desfavoráveis. Já os que esperam pelo momento certo demonstram controle e aumentam suas chances de alcançar resultados satisfatórios.

Além disso, a paciência estratégica é profundamente enraizada na natureza humana. Estudos psicológicos mostram que indivíduos capazes de adiar a gratificação tendem a alcançar mais sucesso na vida. O famoso experimento do marshmallow, conduzido por Walter Mischel, revelou que crianças que conseguiam esperar por uma segunda recompensa eram mais propensas a ter melhores resultados acadêmicos e profissionais no futuro. Esse estudo reforça a ideia de que a paciência é uma habilidade cultivável, com implicações profundas na conquista de metas.

A paciência também é essencial para lidar com a imprevisibilidade. Em muitos casos, o cenário pode mudar antes de uma decisão ser tomada. Aqueles que agem rapidamente sem considerar todas as informações disponíveis muitas vezes se encontram despreparados para as consequências. Por outro lado, aqueles que aguardam, observam e adaptam suas estratégias têm mais chances de sucesso. Um exemplo histórico é a Campanha de Aníbal durante as Guerras Púnicas. Aníbal soube esperar o momento exato para emboscar os romanos em Canas, utilizando o terreno e a desorganização inimiga a seu favor. Sua paciência transformou o que parecia uma batalha desigual em uma das maiores vitórias táticas da história.

No entanto, a paciência precisa ser equilibrada com a capacidade de agir rapidamente quando o momento certo chega. Há uma linha tênue entre paciência estratégica e procrastinação. Um general que hesita demais pode perder sua vantagem, assim como um empreendedor que espera demais pode ver uma oportunidade escapar. O timing, portanto, não é apenas sobre esperar, mas sobre reconhecer o momento exato para agir.

Um exemplo moderno desse equilíbrio é a trajetória de Elon Musk. Embora sua visão para empresas como Tesla e SpaceX pareça arrojada e futurista, ele frequentemente adia lançamentos até que as condições sejam ideais. Isso não significa que Musk seja passivo; ele está constantemente ajustando estratégias, preparando equipes e inovando tecnologias. Quando age, é com convicção e impacto, demonstrando que paciência estratégica é também sobre criar condições para o sucesso.

Por fim, a paciência é uma demonstração de força emocional. Em um ambiente onde decisões rápidas são frequentemente associadas a poder e confiança, esperar pelo momento certo exige coragem e autocontrole. Essa força emocional é o que permite que líderes, investidores e indivíduos permaneçam firmes em suas convicções, mesmo quando enfrentam pressões externas.

A paciência estratégica é o pilar final do planejamento eficaz. Ela nos ensina que, enquanto a ação impulsiona a conquista, é a espera pelo momento certo que a torna sustentável e impactante. Com paciência, transformamos a visão e o alinhamento de forças em resultados concretos, construindo não apenas vitórias momentâneas, mas também legados duradouros.

AS LEIS DA CONQUISTA

CAPÍTULO 13
Leis da Necessidade e da Perspectiva

Lei 1: A Lei da necessidade

Toda grande conquista começa com uma carência. A necessidade é o motor da criatividade, da força de vontade e da ação transformadora. Quando algo nos falta, o vazio criado nos impulsiona a buscar, inovar e construir. Seja em tempos de crise, seja em momentos de oportunidades ocultas, é na escassez que o ser humano encontra a motivação para transcender limites.

Na história antiga, Roma exemplifica como a escassez pode moldar o destino de uma civilização. Durante as Guerras Púnicas, Roma enfrentou Cartago, uma potência naval superior. A cidade-estado romana, sem tradição marítima, precisou construir uma frota do zero. Eles estudaram navios inimigos capturados, desenvolveram suas próprias versões e, com determinação, conquistaram o Mediterrâneo. A necessidade de proteger sua sobrevivência territorial e econômica os levou a superar um obstáculo aparentemente intransponível, transformando Roma de uma potência regional em um império global.

Na esfera literária, Mary Shelley, autora de **Frankenstein**, é um exemplo fascinante de como a necessidade criativa pode emergir da escassez emocional. Vivendo sob a sombra de tragédias pessoais, incluindo a perda de seus filhos, Shelley canalizou sua dor para escrever uma das obras mais revolucionárias da literatura moderna. Sua necessidade de encontrar significado na dor transformou sua narrativa em uma reflexão profunda sobre humanidade e ciência.

Se avançarmos para tempos contemporâneos, a revolução tecnológica na Coreia do Sul nos anos 1980 e 1990 ilustra o impacto transformador da escassez. Devastada pela guerra, a Coreia do Sul possuía recursos naturais limitados e um cenário econômico precário. Em resposta, o governo e as empresas locais investiram pesadamente em educação, tecnologia e inovação. Esse esforço conjunto resultou em conglomerados como Samsung e Hyundai, que se tornaram símbolos de excelência global. A necessidade não apenas salvou o país da estagnação; ela o impulsionou para a liderança global.

A mitologia nórdica também oferece insights sobre a Lei da Necessidade. Odin, o líder dos deuses, sacrificou um olho para obter sabedoria. Esse sacrifício, nascido da necessidade de conhecimento para governar os nove mundos, é um lembrete de que a escassez – neste caso, a falta de sabedoria – pode levar a decisões ousadas e significativas. Odin demonstra que a consciência daquilo que nos falta pode ser o catalisador para grandes transformações.

Do ponto de vista psicológico, a *teoria da privação relativa* explica como as pessoas avaliam suas necessidades em relação ao que percebem nos outros. Durante a Grande Depressão, por exemplo, enquanto muitos sucumbiram ao desespero, indivíduos como John Maynard Keynes transformaram a escassez econômica em oportunidades de inovação intelectual. Keynes desenvolveu teorias econômicas que não apenas ajudaram a mitigar crises futuras, mas também remodelaram a forma como governos entendem suas funções em tempos de necessidade.

A Lei da Necessidade também se aplica à esfera pessoal. Pense em atletas que começaram suas jornadas em condições adversas. A corredora etíope Derartu Tulu cresceu enfrentando a pobreza e a desigualdade de gênero. No entanto, sua necessidade de romper barreiras sociais e econômicas a levou a se tornar a primeira mulher africana a ganhar uma medalha de ouro olímpica. Sua vitória não foi apenas pessoal; ela se tornou um símbolo de esperança para milhões.

Por fim, a necessidade é uma força democratizadora. Ela não discrimina; todos, em algum momento, enfrentam a escassez de algo – seja material, emocional ou intelectual. O que nos diferencia é a resposta a essa falta. Enquanto alguns sucumbem à paralisia, outros usam a escassez como trampolim para a inovação e a superação.

A Lei da Necessidade nos ensina que o vazio não é uma maldição, mas uma oportunidade disfarçada. É o espaço em branco onde podemos projetar nossos sonhos, construir nossos legados e transformar o que parecia impossível em realidade.

Quando tudo que lhe resta é vencer, você vencerá. Essa frase captura a essência da resiliência humana em momentos de adversidade absoluta, quando todas as opções se fecham e apenas uma saída permanece: a vitória. É nesse cenário que o verdadeiro potencial se revela, transformando o impossível em realidade. A necessidade, como um catalisador da ação, não apenas nos empurra para frente, mas nos obriga a acessar forças que muitas vezes ignoramos possuir.

Nos dias atuais, exemplos de superação nascem todos os dias, em contextos variados. Durante a pandemia de COVID-19, por exemplo, empreendedores em todo o mundo enfrentaram o colapso de seus negócios. Muitos perderam clientes, mercados e até mesmo suas estruturas operacionais. Para aqueles que viram o mundo ao seu redor desmoronar, a única opção restante era vencer, adaptando-se rapidamente a uma nova realidade. Restaurantes transformaram seus modelos em serviços de entrega, academias criaram aulas virtuais e empresas de eventos passaram a organizar experiências digitais. O resultado? Muitos não apenas sobreviveram, mas prosperaram, provando que a necessidade extrema pode ser um trampolim para a inovação.

A resiliência contemporânea também é visível em histórias de indivíduos que enfrentaram condições adversas e emergiram vitoriosos. Considere a jornada de Howard Schultz, o homem por trás do crescimento global da Starbucks. Schultz nasceu em uma família pobre no Brooklyn, Nova York, e, quando criança, testemunhou as dificuldades de seus pais. Ele cresceu com uma necessidade profunda de mudar essa realidade. Quando adulto, Schultz enxergou potencial em uma pequena loja de café e decidiu transformá-la em algo muito maior. Sem apoio financeiro significativo e enfrentando ceticismo de todos os lados, ele perseverou. Hoje, a Starbucks é uma das maiores redes do mundo, e Schultz é um símbolo de como o desejo de vencer pode reescrever a história de uma vida.

A frase "quando tudo que lhe resta é vencer, você vencerá" também ressoa no mundo esportivo. Pense em atletas que enfrentaram lesões graves e, mesmo assim, retornaram ao auge de suas carreiras. Um exemplo marcante é o de Bethany Hamilton, uma surfista que perdeu o braço em um ataque de tubarão aos 13 anos. Em vez de abandonar o esporte, ela redobrou seus esforços, adaptou suas técnicas e, contra todas as probabilidades, voltou a competir profissionalmente. Hoje, Hamilton é uma inspiração global, mostrando que a determinação supera até as adversidades mais extremas.

No ambiente corporativo, a luta pela sobrevivência é um teste de caráter e estratégia. Empresas como Netflix e Blockbuster enfrentaram uma bifurcação crítica quando o modelo de locação física de vídeos se tornou obsoleto. Enquanto a Blockbuster insistiu em práticas antigas, a Netflix reinventou seu modelo de negócios com streaming. Para a Netflix, não havia alternativa: era vencer ou desaparecer. Sua capacidade de se transformar em um líder global do entretenimento digital exemplifica como a pressão da necessidade pode gerar reinvenções de sucesso.

Por fim, a frase ecoa a verdade psicológica de que, em momentos de dificuldade extrema, o ser humano frequentemente encontra forças que jamais imaginou possuir. Quando somos colocados contra a parede, a nossa criatividade, determinação e coragem emergem com uma intensidade surpreendente. Como Viktor Frankl observou em **Em Busca de Sentido**, até mesmo nos momentos mais sombrios, o impulso de buscar significado e propósito nos capacita a resistir e avançar.

Essa é a força que define o espírito humano. Quando não há outra escolha além de vencer, algo dentro de nós se desperta, nos guiando para frente. Não é apenas sobre sobreviver; é sobre transcender. Essa frase, poderosa e sucinta, encapsula a essência do que significa ser humano: a capacidade de superar, mesmo quando tudo parece perdido.

***

Lei 2: A Lei da perspectiva

A maneira como enxergamos o mundo define a maneira como agimos nele. Perspectiva é tudo. Enquanto uma pessoa vê um problema insuperável, outra vê uma oportunidade escondida. É por isso que a conquista não é apenas uma questão de recursos, mas de percepção. A realidade é, muitas vezes, menos importante do que a forma como a interpretamos. O olhar molda o resultado.

Na história, a perspectiva foi uma força crucial por trás das maiores conquistas. Um exemplo clássico é o de Thomas Edison, que, após inúmeras tentativas fracassadas de criar a lâmpada elétrica, afirmou: "Eu não falhei. Apenas descobri 10 mil maneiras que não funcionam." Enquanto muitos teriam desistido diante de tantos obstáculos, Edison enxergava cada falha como uma lição, um passo a mais em direção ao sucesso. Sua perspectiva transformou o fracasso em combustível para a inovação.

A psicologia oferece insights fascinantes sobre o impacto da perspectiva na ação. O conceito de *mindset*, popularizado por Carol Dweck, explora como as crenças sobre nossas capacidades influenciam nosso comportamento. Pessoas com um "mindset de crescimento" acreditam que habilidades podem ser desenvolvidas e, portanto, encaram desafios como oportunidades de aprendizado. Em contraste, aqueles com um "mindset fixo" evitam riscos e desistem mais facilmente diante de dificuldades. A perspectiva, nesse caso, não apenas molda a conquista; ela determina se a busca será iniciada ou abandonada.

Na mitologia, a perspectiva é frequentemente representada como a capacidade de ver além das aparências. Na história de Davi e Golias, por exemplo, enquanto o exército israelita via Golias como um inimigo invencível, Davi o enxergou como uma oportunidade. Ele percebeu que o tamanho do gigante não era uma desvantagem para ele, mas para Golias. Com uma funda e uma pedra, Davi derrotou o gigante, não porque era mais forte, mas porque via a situação de uma maneira diferente.

Contemporaneamente, a perspectiva é um diferencial competitivo. Empresas que conseguem enxergar além do óbvio frequentemente lideram seus mercados. Pense na Airbnb, que, no início, foi ridicularizada por sua ideia de pessoas alugarem quartos em suas casas para estranhos. Enquanto muitos viam essa ideia como impraticável e arriscada, os fundadores da Airbnb enxergaram uma oportunidade de atender a uma necessidade emergente por acomodações acessíveis e personalizadas. Essa visão transformou a empresa em uma das maiores plataformas de hospitalidade do mundo.

No nível pessoal, a perspectiva é igualmente transformadora. Imagine alguém que perdeu o emprego. Para alguns, essa situação é vista como um desastre; para outros, é uma chance de reavaliar suas prioridades e buscar novos caminhos. A história de J.K. Rowling, autora de *Harry Potter*, é um exemplo notável. Após enfrentar rejeições de várias editoras, ela poderia ter desistido, mas escolheu ver cada rejeição como um passo em direção ao editor certo. Sua perspectiva de perseverança transformou um período de dificuldades financeiras em um dos maiores sucessos literários da história.

A antropologia também nos ensina que a perspectiva molda culturas inteiras. Povos indígenas, por exemplo, frequentemente veem a natureza como uma aliada, enquanto culturas industrializadas tendem a tratá-la como um recurso a ser explorado. Essa diferença de perspectiva não apenas molda práticas, mas também impacta os resultados – seja em sustentabilidade, qualidade de vida ou resiliência comunitária.

Adotar uma perspectiva vencedora exige esforço. Não é fácil ver possibilidades onde os outros veem obstáculos. Isso requer uma mistura de otimismo pragmático, análise crítica e coragem para desafiar suposições. Como Friedrich Nietzsche escreveu: "Não existem fatos, apenas interpretações." Essa ideia não sugere que a realidade seja irrelevante, mas que a maneira como a interpretamos é o que realmente importa.

Por fim, a perspectiva nos dá o poder de escolher como reagir ao mundo. Mesmo em situações onde não temos controle sobre os eventos externos, podemos controlar como os vemos e respondemos a eles. Viktor Frankl, sobrevivente do Holocausto, resumiu isso de forma eloquente: "Quando não somos mais capazes de mudar uma situação, somos desafiados a mudar a nós mesmos." Sua perspectiva não apenas o ajudou a sobreviver, mas também a encontrar significado em meio ao sofrimento.

A Lei da Perspectiva nos lembra que a conquista começa no olhar. Quando escolhemos ver oportunidades em vez de obstáculos, desafios em vez de derrotas, e possibilidades em vez de limitações, nos colocamos em um caminho de vitória. Porque, no final, não é o que acontece conosco que define o que conquistamos, mas como escolhemos ver o que acontece.

A perspectiva é uma lente pela qual enxergamos o mundo, e ajustar essa lente pode ser a chave para transformar desafios em oportunidades. Em um cenário contemporâneo, onde as mudanças são rápidas e as incertezas constantes, a capacidade de alterar sua perspectiva é mais do que uma habilidade – é uma necessidade estratégica. O mundo em que vivemos exige não apenas adaptação, mas também uma visão que permita ver possibilidades onde outros enxergam problemas.

Imagine um profissional que perdeu o emprego em meio a uma crise econômica. Enquanto muitos poderiam mergulhar em desespero, outros escolhem enxergar a situação como uma oportunidade para reinventar suas carreiras. Por exemplo, durante a pandemia de COVID-19, milhares de pessoas ao redor do mundo transformaram suas casas em escritórios, criaram negócios digitais e investiram em habilidades que antes pareciam distantes. A perspectiva, nesse caso, redefiniu o que poderia ter sido um fracasso como uma chance de recomeço.

Na prática, mudar a perspectiva significa desafiar suposições. Uma frase comum no mundo dos negócios é: "Sempre fizemos assim." Essa visão, embora confortável, frequentemente leva à estagnação. Empresas como Netflix e Blockbuster exemplificam o impacto dessa diferença de perspectiva. Enquanto a Blockbuster insistia em seu modelo de locação física, a Netflix viu a oportunidade de migrar para o streaming digital. Essa mudança de visão não apenas salvou a Netflix, mas a transformou em um dos maiores players do entretenimento mundial.

Para o leitor, a aplicação prática da perspectiva pode começar com pequenos ajustes no dia a dia. Por exemplo, em vez de encarar críticas como ataques pessoais, que tal vê-las como feedback construtivo? Essa mudança de visão não apenas reduz o impacto emocional das críticas, mas também permite que você extraia lições valiosas delas. Da mesma forma, em situações de conflito, enxergar a posição do outro como uma perspectiva complementar – e não como um desafio à sua – pode abrir portas para soluções criativas e acordos mais eficazes.

No marketing e na comunicação, a perspectiva é um elemento transformador. As campanhas de maior impacto não apenas apresentam produtos ou serviços, mas falam diretamente aos desejos e necessidades do público. Por exemplo, marcas de luxo não vendem apenas bolsas ou relógios; elas vendem a perspectiva de status, exclusividade e conquista. É essa habilidade de se conectar ao modo como as pessoas se veem – ou desejam se ver – que torna a perspectiva uma ferramenta tão poderosa.

Na vida pessoal, a perspectiva também pode redefinir como você interpreta eventos. Pense em alguém que enfrenta um término de relacionamento. Embora a dor inicial seja inevitável, escolher ver o término como uma oportunidade para crescer, aprender e se redescobrir pode transformar a experiência. Essa abordagem positiva não nega a dificuldade da situação, mas permite que ela seja um ponto de partida para algo maior.

Em última análise, a perspectiva é uma escolha ativa. É a diferença entre ver o copo meio vazio ou meio cheio, entre interpretar um fracasso como o fim ou como o início de algo novo. Quando aplicamos essa escolha em nossas vidas, descobrimos que a forma como enxergamos o mundo não apenas molda nossas ações, mas também define o que conquistamos. Ajustar a perspectiva é ajustar o próprio destino.

Capítulo 14

Leis do Conflito e da Adaptabilidade

Lei 3: A Lei do Conflito

O progresso nunca ocorre sem resistência. O atrito, muitas vezes desconfortável e indesejado, é essencial para polir ideias, moldar caráter e impulsionar mudanças. É no conflito que aprendemos sobre nossas limitações, fortalecemos nossas habilidades e descobrimos novas perspectivas. A Lei do Conflito nos ensina que, sem os desafios inevitáveis, o crescimento e a conquista são impossíveis.

Na história, o papel do conflito como catalisador do progresso é evidente. A Renascença, por exemplo, emergiu em grande parte como uma resposta aos conflitos do período medieval. Entre guerras, doenças e disputas políticas, artistas e pensadores encontraram no caos a inspiração para criar novas formas de arte, ciência e filosofia. Michelangelo, enfrentando constantes disputas com seus patronos e a pressão de superar rivais como Leonardo da Vinci, usou esse atrito para esculpir obras como o **Davi**, símbolo eterno de resistência e triunfo.

Na mitologia, o conceito de conflito como força criadora é representado pelo mito grego de Prometeu. Ele desafiou Zeus para trazer o fogo aos humanos, enfrentando punições eternas por sua ousadia. Prometeu sabia que o atrito com os deuses era inevitável, mas aceitou o conflito porque acreditava no progresso humano. Esse mito ilustra que o conflito, embora doloroso, muitas vezes leva ao avanço coletivo.

No campo da psicologia, Carl Jung enfatizou o papel do conflito interno no desenvolvimento pessoal. Ele descreveu a **individuação** como o processo de integrar diferentes aspectos de si mesmo, muitas vezes opostos, em uma identidade coesa. Esse processo exige que enfrentemos nossos medos, contradições e desejos inconscientes – um conflito interno que, embora desafiador, é necessário para o crescimento emocional e psicológico.

Na contemporaneidade, o conflito pode ser observado em inovações tecnológicas e culturais. A corrida para desenvolver inteligência artificial (IA) é, por si só, um atrito constante entre preocupações éticas, econômicas e tecnológicas. Empresas, governos e acadêmicos discordam sobre como regular e aplicar a IA, mas é nesse atrito que surgem soluções mais robustas e equilibradas. Elon Musk e Sam Altman, por exemplo, frequentemente discordam publicamente sobre os caminhos para a IA, mas suas discussões geram avanços significativos no campo.

O conflito também é essencial nas relações humanas. Pense em um casamento ou em uma sociedade. Sem divergências, não há crescimento. Quando conflitos são tratados com respeito e intenção de resolver, eles tornam as conexões mais fortes e autênticas. O filósofo Søren Kierkegaard escreveu que "o conflito é a relação essencial do homem consigo mesmo," destacando que o confronto com nossas próprias dúvidas e contradições é o que nos torna humanos.

No nível pessoal, o conflito frequentemente se manifesta como fracasso ou rejeição. Imagine um jovem empreendedor que enfrenta a rejeição constante de investidores. Embora o atrito pareça insuportável, ele força o empreendedor a refinar seu modelo de negócios, sua narrativa e sua determinação. A história de Oprah Winfrey exemplifica essa jornada. Após ser demitida de um emprego como apresentadora de televisão, ela transformou o fracasso em combustível para criar um império midiático baseado em sua autenticidade e empatia.

A antropologia também nos ensina que o conflito é uma força unificadora. Tribos antigas muitas vezes enfrentavam disputas internas, mas essas lutas ajudavam a moldar normas e identidades compartilhadas. Na era moderna, movimentos sociais, como o movimento pelos direitos civis nos Estados Unidos, surgiram de conflitos entre grupos com visões de mundo divergentes. Esses movimentos, embora dolorosos, pavimentaram o caminho para uma sociedade mais justa e equitativa.

Por fim, o conflito é um lembrete de que a conquista exige esforço. O progresso nunca é linear; ele se dá em espirais de desafios e soluções, de confrontos e reconciliações. Assim como o calor e a pressão transformam carvão em diamante, o atrito do conflito transforma o potencial bruto em realizações brilhantes.

O conflito é inevitável, mas é também indispensável. Ele nos força a sair da zona de conforto, a questionar o status quo e a buscar soluções mais inovadoras e eficazes. Reconhecer o conflito como parte do processo de conquista é aceitar que o progresso real só ocorre quando enfrentamos – e superamos – a resistência.

O conflito, leitor, é uma parte inevitável da vida. Ele aparece nos momentos mais inesperados: uma discussão no trabalho, uma divergência com um amigo, ou até mesmo uma batalha interna para decidir qual caminho seguir. Mas aqui está a verdade que muitas vezes evitamos: o conflito não é seu inimigo. Ele é, na realidade, seu aliado mais poderoso no progresso e no crescimento.

Pense em seu local de trabalho. Quantas vezes você evitou uma conversa difícil com um colega ou chefe por medo de piorar a situação? Mas imagine como seria diferente se, em vez de fugir do conflito, você o encarasse como uma oportunidade. Empresas inovadoras, como a Google, têm algo a nos ensinar. Elas incentivam o que chamam de "dissonância construtiva," onde discordâncias são tratadas como parte essencial do processo criativo. Da próxima vez que surgir um atrito no trabalho, pergunte-se: "Como posso usar isso para encontrar uma solução melhor?"

O conflito, quando bem administrado, pode transformar ideias medianas em estratégias brilhantes.

Agora, leve esse conceito para suas relações pessoais. Talvez você já tenha se encontrado em um desentendimento com alguém que ama. É natural querer evitar a briga e buscar o caminho mais fácil, mas isso realmente resolve o problema? Psicólogos dizem que casais que discutem com respeito e ouvem as necessidades do outro têm maior probabilidade de construir relacionamentos fortes e duradouros. Então, da próxima vez que sentir o desconforto de uma conversa difícil, lembre-se: esse desconforto pode ser o tijolo que fortalece a base da relação.

Se você é empreendedor ou sonha em abrir um negócio, o conflito já faz – ou fará – parte de sua jornada. Mercados voláteis, competidores agressivos e clientes exigentes são desafios inevitáveis. Mas esses conflitos podem ser trampolins. A Peloton, por exemplo, enfrentou críticas duras e dificuldades operacionais durante a pandemia, mas usou esses momentos para melhorar seus processos e reforçar o relacionamento com seus consumidores. Você pode fazer o mesmo. Ao invés de encarar críticas ou problemas como barreiras, veja-os como oportunidades de aperfeiçoamento.

E não podemos esquecer dos conflitos sociais. Talvez você já tenha se sentido desconfortável ou até mesmo inspirado por movimentos como o #MeToo ou o Black Lives Matter. Essas iniciativas enfrentaram resistência, mas abriram portas para conversas necessárias. O que você pode tirar disso? Talvez o conflito que você enfrenta, em menor escala, também seja uma oportunidade para criar mudanças significativas ao seu redor.

Por fim, caro leitor, veja o conflito como um espelho. Ele reflete não apenas os desafios externos, mas também suas próprias forças e fraquezas. Use-o como ferramenta de autoconhecimento. Quando se deparar com resistência, pergunte-se: "O que isso está tentando me ensinar?" Porque, muitas vezes, o maior progresso ocorre não quando evitamos o atrito, mas quando o enfrentamos de frente.

Então, para você que busca crescimento, realização e conquista, lembre-se: o conflito é uma parte essencial da jornada. Ele está aí para moldar suas ideias, fortalecer suas habilidades e empurrá-lo para o próximo nível. Aceite-o, enfrente-o, e descubra o poder que ele pode liberar em sua vida.

***

Lei 4: A Lei da Adaptabilidade

Se a conquista é uma jornada, a adaptabilidade é a bússola que garante que você permaneça no curso, mesmo quando os ventos mudam. Em um mundo onde o inesperado é a única certeza, a habilidade de se adaptar é o que separa os que triunfam dos que ficam para trás. A adaptabilidade não é apenas a capacidade de reagir a mudanças, mas de usá-las como alavanca para o progresso.

Leitor, considere um cenário comum: você inicia um projeto com um plano detalhado, mas logo percebe que a realidade não corresponde à sua previsão. O que você faz? Para muitos, a tendência é insistir no plano original, mesmo que as evidências apontem para a necessidade de mudança. No entanto, a verdadeira força reside em reconhecer quando é hora de recalibrar. A adaptabilidade não é sinal de fraqueza, mas de inteligência estratégica.

Exemplos contemporâneos estão por toda parte. Durante a pandemia de COVID-19, vimos empresas inteiras se reinventarem em questão de semanas. Restaurantes que dependiam de clientes presenciais rapidamente migraram para serviços de entrega. Escolas e universidades transformaram suas salas de aula em plataformas virtuais. Até mesmo indústrias tradicionais, como a automobilística, pivotaram para produzir respiradores e equipamentos médicos. Essas mudanças não foram fáceis, mas foram essenciais. A lição é clara: aqueles que resistem à mudança correm o risco de obsolescência; aqueles que se adaptam prosperam.

Na história, a adaptabilidade também é a marca dos grandes conquistadores. Pense em Napoleão Bonaparte, que dominava a arte de ajustar suas estratégias no meio da batalha. Um dos exemplos mais emblemáticos foi a Batalha de Austerlitz, onde Napoleão fingiu fraqueza para atrair seus inimigos para uma posição vulnerável, virando o jogo a seu favor. Ele sabia que rigidez estratégica é o inimigo da vitória. Esse princípio se aplica igualmente ao leitor, em sua carreira ou vida pessoal. Quando o plano original não funciona, a adaptabilidade é o que lhe permite encontrar um novo caminho.

A psicologia reforça o papel da adaptabilidade no sucesso humano. O conceito de resiliência, amplamente estudado, destaca que pessoas capazes de se adaptar às adversidades não apenas superam crises, mas também se tornam mais fortes. Um exemplo é a mentalidade do "crescimento pós-traumático," que mostra como indivíduos que enfrentam grandes desafios, como perdas ou falhas, muitas vezes emergem mais fortes, mais sábios e mais determinados.

Na vida prática, adaptar-se também significa saber quando mudar sua abordagem. Se um método de trabalho, relacionamento ou investimento não está funcionando, insistir nele pode ser uma forma de autossabotagem. Um líder eficaz sabe ouvir sinais de sua equipe, ajustar metas e redirecionar esforços. Um exemplo contemporâneo é o de Satya Nadella, CEO da Microsoft. Ao assumir o comando, ele reformulou a cultura da empresa, que havia se tornado rígida, e liderou sua transição para um modelo mais colaborativo e inovador. Sob sua liderança, a Microsoft recuperou relevância e mercado.

Porém, leitor, a adaptabilidade não significa abandonar sua visão ou seus valores. Ela exige equilíbrio. Assim como uma árvore que dobra ao vento sem perder suas raízes, você deve se manter flexível nas ações, mas firme em seus princípios. Adaptar-se não é perder-se; é ajustar-se para avançar.

A Lei da Adaptabilidade ensina que mudança não é inimiga, mas aliada. Ao abraçar a flexibilidade, você transforma obstáculos em oportunidades e incertezas em avanços. Quando o inesperado bater à sua porta – e ele baterá, lembre-se: a força não está em resistir à mudança, mas em dançar com ela.

Adaptar-se é uma habilidade essencial no mundo contemporâneo, leitor. Vivemos em um tempo onde as mudanças acontecem de maneira tão rápida e inesperada que resistir a elas é como tentar segurar água com as mãos: é inútil. Em vez disso, aqueles que conseguem ajustar seus passos para acompanhar o ritmo da mudança são os que realmente prosperam. A adaptabilidade não é apenas uma habilidade prática; é uma mentalidade que pode transformar obstáculos em oportunidades.

Pense no cenário dos últimos anos. A pandemia de COVID-19 obrigou milhões de pessoas a mudar completamente suas rotinas e formas de trabalho. Profissionais que estavam acostumados a escritórios movimentados precisaram aprender a trabalhar de casa, equilibrando responsabilidades familiares e demandas profissionais. Não foi fácil, mas muitos descobriram novas formas de produtividade e até desenvolveram modelos de negócios que antes pareciam impensáveis. Empresas como Zoom e plataformas de coworking digital se tornaram indispensáveis, enquanto aqueles que hesitaram em se adaptar perderam relevância.

Agora, traga isso para sua vida. Quantas vezes você se viu em uma situação onde o plano inicial falhou? Talvez fosse um projeto no trabalho que não saiu como esperado ou uma viagem cuidadosamente planejada que foi cancelada de última hora. Nesses momentos, o que separa o sucesso do fracasso é sua capacidade de ajustar sua abordagem. Por exemplo, ao ser desafiado por um chefe ou cliente, a pessoa adaptável não reage com frustração, mas com criatividade, encontrando formas de transformar um "não" em um "sim."

No mundo dos negócios, adaptabilidade é o que mantém empresas vivas em tempos de crise. Um exemplo marcante é o da Domino's Pizza. Durante um período de queda nas vendas, a empresa optou por se reinventar completamente. Eles mudaram suas receitas, investiram em tecnologia e lançaram campanhas publicitárias que reconheciam publicamente suas falhas e prometiam melhorias. Esse movimento ousado não apenas reconquistou clientes, mas também fez da Domino's uma líder em inovação no setor de alimentos. Eles entenderam que, para sobreviver, precisavam abandonar o passado e abraçar o futuro.

Adaptabilidade também é crucial em carreiras. Considere pessoas que perderam seus empregos devido à automação ou mudanças tecnológicas. Muitos escolheram encarar isso como uma oportunidade de se reinventar, aprendendo novas habilidades e explorando caminhos que antes não consideravam. Histórias de profissionais que migraram para o setor de tecnologia ou criaram negócios próprios são exemplos vivos de como a flexibilidade pode transformar desafios em vitórias.

Na esfera pessoal, adaptar-se pode significar mudar sua perspectiva diante de circunstâncias imprevistas. Um relacionamento que termina ou uma mudança de cidade podem parecer devastadores no início, mas muitas vezes esses eventos levam a oportunidades de crescimento e autodescoberta. Pense na escritora Elizabeth Gilbert, que, após um divórcio, embarcou em uma jornada que resultou no best-seller *Comer, Rezar, Amar*. Sua história é uma prova de que a vida nem sempre segue o plano, mas isso não significa que ela não possa ser maravilhosa.

Leitor, lembre-se disso: adaptar-se não é sobre desistir do seu objetivo, mas sobre encontrar novos caminhos para alcançá-lo. É aceitar que a mudança é inevitável e, em vez de resistir a ela, aprender a navegar por suas correntes. Seja no trabalho, em relacionamentos ou em projetos pessoais, a adaptabilidade é o que o tornará resiliente diante das incertezas e preparado para aproveitar as oportunidades que surgirem. Afinal, como diz o ditado, "não é o mais forte que sobrevive, nem o mais inteligente, mas o que melhor se adapta às mudanças."

Capítulo 15
LEIS DA INOVAÇÃO E DO DESEJO

Lei 5: A Lei da Inovação

Inovar é reescrever as regras do jogo, muitas vezes antes mesmo que alguém perceba que ele precisa mudar. Trata-se de enxergar o potencial onde outros veem limitações e ter coragem de desafiar o estabelecido. A Lei da Inovação ensina que a verdadeira conquista não está em seguir o fluxo, mas em transformar o caminho.

A história recente oferece lições poderosas sobre o custo da inércia. A Kodak, por exemplo, teve nas mãos a invenção da câmera digital, mas ignorou seu potencial por medo de canibalizar seu modelo de negócios baseado em filmes fotográficos. Enquanto ela hesitava, empresas que abraçaram a inovação, como a Canon e a Sony, assumiram a liderança no mercado. O que a Kodak ignorou – e outras empresas como a Blockbuster aprenderam da maneira mais dura – é que a inovação não espera. O mesmo aconteceu com a Blockbuster, que teve a oportunidade de adquirir a Netflix, mas preferiu manter seu modelo de locação física. Hoje, a Netflix não apenas domina o streaming, mas redefiniu o consumo de entretenimento globalmente.

Esses exemplos nos mostram que a inovação não é sobre inventar algo novo do zero, mas sobre entender as mudanças nos padrões e necessidades e ajustar-se a elas. Uber e Airbnb são exemplos perfeitos disso. Eles não inventaram o transporte ou a hospedagem; reinventaram como os acessamos. Eles pegaram conceitos antigos e, ao aplicar tecnologias contemporâneas e novas formas de pensar, criaram um impacto global.

No entanto, a inovação exige coragem, porque seu maior inimigo é o medo – medo de errar, de perder, de parecer inadequado. Muitos preferem manter o que já conhecem, mesmo sabendo que a obsolescência está logo ali. Por isso, a inovação requer não apenas visão, mas disposição para arriscar, aprender e ajustar. A Uber enfrentou resistência massiva em quase todos os mercados onde entrou, mas persistiu, convencida de que seu modelo era o futuro da mobilidade.

E mais: inovar não é sobre ter ideias brilhantes. É sobre executá-las. O mundo está cheio de boas ideias que nunca viram a luz do dia porque seus criadores não deram o próximo passo. A inovação verdadeira está em tirar essas ideias do papel e colocá-las em prática, sabendo que o percurso será cheio de ajustes e aprendizado. O sucesso da Netflix não veio apenas de criar um modelo de assinatura para DVDs, mas de perceber o potencial do streaming antes que o mercado sequer entendesse o conceito.

A inovação não é uma linha reta, mas uma dança entre imaginar o futuro e agir no presente. É entender que o erro não é uma falha, mas um degrau essencial para o aprendizado. Quando tudo ao seu redor parece convidá-lo a manter o status quo, é aí que a oportunidade de inovar surge.

Lembre-se, a inércia pode ser confortável, mas é o risco que abre as portas para o extraordinário. A verdadeira conquista pertence àqueles que ousam transformar o mundo – não com perfeição imediata, mas com a coragem de dar o primeiro passo. O futuro, afinal, não é aguardado; é criado.

Inovar, muitas vezes, não é criar algo inédito, mas dar vida ao que parecia comum. É perceber o que está à margem, aquilo que é invisível para muitos, e transformá-lo no centro da experiência. Essa transformação, no entanto, exige mais do que técnica ou criatividade. Exige alma.

No mundo do violino, a "alma" não é apenas uma metáfora. Trata-se de um pequeno bastão de madeira, posicionado entre o tampo e o fundo do instrumento. Invisível para quem o observa de fora, a alma desempenha um papel crucial: ela conecta, amplifica e equilibra o som. Sem ela, o violino não tem sua voz característica. Ele perde sua profundidade, sua ressonância, sua essência. Curiosamente, a alma não é aparente, mas seu impacto é imenso – um lembrete de que o extraordinário, muitas vezes, habita os detalhes.

Da mesma forma, a inovação nos negócios não está apenas no que é visível, mas no que é sentido. É no cuidado com o cliente, na atenção aos detalhes, no propósito que permeia cada escolha. Pense na Starbucks, por exemplo. A empresa não apenas vende café; ela oferece uma experiência. O ambiente acolhedor, a possibilidade de personalização e até o nome escrito no copo criam uma conexão emocional com o consumidor. Isso é a alma da Starbucks – não o café em si, mas o que ele representa para quem consome.

Outro exemplo é a Disney. A inovação da Disney não está apenas nas histórias ou nos parques temáticos, mas no compromisso inabalável de criar magia. É a dedicação a cada detalhe que faz com que um visitante adulto, ao atravessar os portões de um parque, se sinta como uma criança novamente. Essa é a alma que Walt Disney colocou em sua empresa: uma crença de que a imaginação pode transformar a realidade.

Ter alma em um negócio não significa, necessariamente, reinventar a roda. Às vezes, é simplesmente enxergar o que está à nossa frente com novos olhos. Considere a Zappos, uma empresa de e-commerce de sapatos. O que a tornou especial não foi o produto em si, mas a obsessão com o atendimento ao cliente. A empresa criou uma cultura onde a satisfação do consumidor não era apenas uma meta, mas um valor inegociável. Assim como o violino sem sua alma, um e-commerce sem propósito pode ser funcional, mas jamais ressoará como algo excepcional.

Na era da inovação tecnológica, é fácil se perder em algoritmos e funcionalidades, esquecendo que, no fim, negócios são feitos por e para pessoas. A alma de um negócio é a conexão que ele estabelece, a história que ele conta, o impacto que ele gera. É isso que transforma um produto em uma experiência, um cliente em um embaixador, e uma empresa em um legado.

Portanto, inovar é mais do que criar algo novo. É colocar alma no que se faz. É entender que os detalhes – aqueles que muitos nem sequer veem – podem ser a diferença entre o ordinário e o extraordinário. Afinal, assim como no violino, é a alma que dá vida, beleza e propósito a tudo o que fazemos.

***

Lei 6: A Lei do Desejo – O Combustível da Conquista

O desejo é o fogo interno que alimenta cada conquista. É a força que nos impulsiona a agir, a arriscar e a perseguir objetivos que, muitas vezes, parecem fora de alcance. Sem desejo, a conquista é impossível; com ele, até os limites mais intransponíveis podem ser superados. A Lei do Desejo nos ensina que a paixão por algo maior que nós mesmos é o que transforma sonhos em realidade.

Leitor, pare por um momento e pense em algo que você realmente quis alcançar na vida. Talvez tenha sido um emprego, um relacionamento ou uma meta pessoal. O que o impulsionou? O desejo – aquela energia que fez você se levantar todos os dias, superar obstáculos e persistir, mesmo quando o caminho parecia difícil. É esse sentimento que separa aqueles que apenas imaginam conquistas daqueles que as realizam.

Na história, o desejo é uma força recorrente em grandes conquistas. Pense em Marie Curie, que desafiou as normas sociais e acadêmicas de sua época para se tornar a primeira mulher a ganhar um Prêmio Nobel – e, eventualmente, a primeira pessoa a ganhar dois. Seu desejo de compreender o mundo atômico era tão intenso que a levou a trabalhar em condições extremamente adversas, colocando sua própria saúde em risco. Curie não buscava apenas reconhecimento; ela desejava profundamente expandir o conhecimento humano, e esse desejo a tornou imortal na ciência.

No mundo dos esportes, o desejo é o que separa os bons dos grandes. Michael Jordan, um dos maiores jogadores de basquete de todos os tempos, é um exemplo vivo disso. Sua habilidade inegável era complementada por um desejo insaciável de ser o melhor. Quando cortado do time de basquete no colégio, ele não desistiu. Pelo contrário, usou a rejeição como combustível para treinar mais e jogar melhor. Jordan frequentemente dizia: "Eu sempre acreditei que, se você trabalhar duro, os resultados virão." Essa crença, alimentada por desejo, transformou fracassos iniciais em sucessos históricos.

Mas o desejo não é apenas sobre grandes feitos; ele também se manifesta em momentos mais cotidianos. Um estudante que trabalha durante o dia e estuda à noite para obter um diploma, uma mãe que equilibra várias responsabilidades para criar um futuro melhor para seus filhos, ou um empreendedor que sacrifica conforto para construir um negócio. O desejo está presente em todas essas histórias – é ele que mantém essas pessoas em movimento, mesmo quando tudo parece conspirar contra elas.

A psicologia nos dá uma visão interessante sobre o desejo. Segundo a teoria da autodeterminação, desenvolvida por Edward Deci e Richard Ryan, as pessoas são mais motivadas quando seus desejos estão alinhados com suas paixões e valores intrínsecos. Quando algo nos interessa profundamente, não precisamos de recompensas externas; o desejo em si nos move. Isso explica por que pessoas apaixonadas pelo que fazem frequentemente superam aqueles que estão apenas cumprindo uma obrigação.

Contemporaneamente, o desejo é explorado de forma poderosa no marketing e na cultura de consumo. Marcas não vendem apenas produtos; elas vendem aspirações. Um relógio de luxo, por exemplo, não é apenas um acessório; ele simboliza sucesso, status e conquista pessoal. Essa compreensão do desejo humano é o que torna campanhas publicitárias tão eficazes: elas apelam para o que queremos, não apenas para o que precisamos.

Caro leitor, a Lei do Desejo é um lembrete de que o primeiro passo para conquistar qualquer coisa é querer verdadeiramente. Sem desejo, as ações perdem força, os sacrifícios parecem insuportáveis, e os desafios tornam-se insuperáveis. Mas com desejo, você encontra o combustível necessário para seguir em frente, não importa o quão árduo seja o caminho.

O desejo, leitor, é uma força que atravessa culturas, eras e histórias. É uma energia primitiva, uma chama que se alimenta de nossas aspirações mais profundas. Para entendê-lo verdadeiramente, basta olhar para os mitos e lendas que moldaram a humanidade. A mitologia está repleta de histórias que exploram o poder do desejo – histórias que, mesmo sendo antigas, ainda ressoam com as realidades contemporâneas.

Na mitologia grega, o mito de Ícaro e Dédalo é uma representação fascinante do desejo e suas consequências. Dédalo, o brilhante artesão, construiu asas feitas de penas e cera para que ele e seu filho Ícaro escapassem do labirinto onde estavam presos. Antes de voar, Dédalo advertiu Ícaro a não voar muito alto, pois o calor do sol derreteria a cera. Mas o desejo de Ícaro de tocar os céus foi maior que sua prudência. Ele subiu mais e mais, até que as asas se desfizeram, e ele caiu no mar. Este mito nos ensina que o desejo é uma força poderosa, mas que precisa ser equilibrada pela sabedoria. Hoje, em um mundo cheio de ambições e metas, essa história nos lembra de evitar os excessos e reconhecer nossos limites.

Outro mito poderoso é o de Prometeu, o titã que roubou o fogo dos deuses para entregá-lo à humanidade. Prometeu sabia que sua ação traria consequências terríveis – Zeus o condenou a um castigo eterno por sua ousadia. No entanto, seu desejo de trazer progresso à humanidade foi maior do que seu medo da punição. Ele escolheu o sacrifício em nome de algo maior. Para o leitor contemporâneo, essa história reflete o desejo altruísta que muitas vezes nos impulsiona a agir, mesmo diante de grandes riscos. Prometeu é um símbolo daqueles que desejam mudar o mundo, mesmo quando isso significa enfrentar adversidades.

Na mitologia nórdica, o desejo de Thor de proteger Midgard, o reino dos homens, levou-o a batalhas épicas contra inimigos poderosos. Seu desejo não era egoísta; ele era movido por um senso de dever e proteção. Essa história ressoa em pessoas comuns que, impulsionadas pelo desejo de cuidar de suas famílias ou comunidades, enfrentam desafios cotidianos com coragem e determinação. A mitologia nos ensina que o desejo nem sempre é sobre conquistas individuais – muitas vezes, é sobre servir algo maior que nós mesmos.

Mesmo na mitologia oriental, o desejo aparece como um elemento central. Siddhartha Gautama, o Buda, iniciou sua jornada espiritual porque desejava encontrar a verdade e o caminho para aliviar o sofrimento humano. Esse desejo o levou a renunciar ao conforto e a buscar respostas que mudaram a história espiritual da humanidade. Aqui, vemos que o desejo pode ser tanto um catalisador para a iluminação quanto uma busca pessoal que transcende o material.

Leitor, essas histórias antigas não são apenas lendas. Elas são reflexos de nossas próprias experiências. Quando você sente o desejo de mudar sua vida, alcançar um objetivo ou ajudar alguém, está vivendo os mesmos impulsos que moveram Ícaro, Prometeu, Thor e Siddhartha. O desejo é universal, e a mitologia nos lembra que ele é tanto uma força poderosa quanto um desafio que exige equilíbrio e sabedoria. Ao reconhecer isso, você se conecta com algo eterno – a busca humana pelo extraordinário.

Capítulo 16
Leis da Conexão e do Tempo

Lei 7: A Lei da Conexão

Nenhuma conquista acontece no vácuo. Por mais individualista que uma jornada pareça, há sempre um conjunto de forças, pessoas e circunstâncias que desempenham papéis fundamentais. A Lei da Conexão nos lembra que a verdadeira conquista não é apenas o ato de alcançar algo, mas também de reconhecer, cultivar e aproveitar as relações que tornam esse feito possível.

Desde os tempos antigos, as conexões foram a base de grandes realizações. Na mitologia, o mito da Arca de Noé ilustra a importância da colaboração. Embora a arca tenha sido construída por Noé, foi sua conexão com os animais e sua obediência às instruções divinas que garantiram o sucesso de sua missão. O significado desse mito é claro: não importa o quão visionário ou habilidoso você seja, as parcerias e as relações de confiança são o que tornam a sobrevivência – e o progresso – possíveis.

No mundo contemporâneo, as conexões também desempenham um papel crucial. Pense na ascensão de empresas como Amazon ou Tesla. Embora Elon Musk e Jeff Bezos frequentemente sejam vistos como visionários solitários, a verdade é que suas conquistas foram possíveis graças às equipes de engenheiros, estrategistas, investidores e parceiros que acreditaram em suas ideias e as ajudaram a prosperar. É a interdependência desses indivíduos que transforma ideias em realidade.

Leitor, considere sua própria vida. Quantas vezes você alcançou algo importante com o apoio de outras pessoas? Talvez tenha sido um mentor que o guiou, um amigo que o incentivou ou até mesmo uma crítica que o desafiou a melhorar. A conexão não é apenas sobre colaboração; é sobre aprendizado, crescimento e troca de energia. Como o filósofo grego Aristóteles disse: "O homem é por natureza um animal social." É em nossas interações que encontramos o impulso para crescer.

No campo da psicologia, a importância das conexões é amplamente reconhecida. A teoria do apego de John Bowlby destaca como os laços interpessoais influenciam nosso desenvolvimento e resiliência. Pessoas com conexões fortes – seja com amigos, familiares ou comunidades – tendem a ser mais resilientes diante de desafios. Essas conexões não apenas oferecem apoio emocional, mas também criam um senso de pertencimento que é essencial para a motivação e o bem-estar.

Na história, a Lei da Conexão se manifesta em figuras como Mahatma Gandhi, que liderou a independência da Índia com base em sua habilidade de inspirar e unir milhões de pessoas. Gandhi não conquistou sozinho; ele construiu uma rede de apoiadores, organizadores e cidadãos comuns que compartilhavam sua visão de liberdade. Sua influência não estava apenas em suas palavras, mas na conexão emocional que ele estabelecia com aqueles ao seu redor.

Contemporaneamente, as redes sociais amplificaram o poder da conexão. Uma única postagem pode mobilizar milhares de pessoas para apoiar uma causa, financiar um projeto ou defender uma ideia. Essa conectividade global demonstra como as conquistas modernas estão intrinsecamente ligadas à capacidade de se conectar com os outros.

Leitor, a Lei da Conexão não é apenas um princípio; é uma ferramenta prática. Cultive suas relações, invista em parcerias genuínas e reconheça o valor das pessoas ao seu redor. Lembre-se de que sua conquista nunca será apenas sua – ela é um reflexo das conexões que você construiu ao longo do caminho.

A Lei da Conexão, caro leitor, não é apenas um princípio filosófico; é uma prática cotidiana para qualquer conquistador ou negociador que deseja alcançar resultados excepcionais. Afinal, a arte de conquistar – seja uma negociação complexa, um contrato valioso ou até a confiança de uma equipe – depende diretamente da sua capacidade de se conectar com as pessoas de forma genuína e estratégica.

Imagine uma negociação. Você está diante de um possível parceiro ou cliente e precisa convencê-lo de que sua proposta é a melhor. Um erro comum seria despejar informações técnicas, números e benefícios sem criar qualquer conexão. Aqui vai uma verdade amarga, mas necessária: ninguém se importa com o que você tem a oferecer até que sinta que você se importa com eles. É por isso que a conexão é tão poderosa. Ela não apenas abre portas, mas também cria a base para acordos que beneficiam ambas as partes.

Um exemplo prático? Você entra em uma sala para negociar um contrato importante. Em vez de começar a conversa com números e prazos, você observa o ambiente. Há uma foto de família na mesa? Uma peça decorativa que reflete um hobby? Use isso como ponto de partida. "Gostei da foto com sua família na praia. Onde foi tirada?" De repente, a conversa deixa de ser sobre negócios e se torna uma troca pessoal. Esse momento de conexão cria empatia, quebrando barreiras invisíveis e facilitando o diálogo.

Agora, para você que está lendo, vamos elevar a prática. A conexão não é apenas sobre encontrar pontos em comum, mas também sobre entender as motivações do outro. Um grande negociador nunca fala antes de ouvir. Perguntas simples como "O que é mais importante para você nesta negociação?" ou "Quais são os desafios que você enfrenta atualmente?" demonstram interesse e criam um terreno fértil para a colaboração. Um conquistador habilidoso sabe que a chave para influenciar é entender, não impressionar.

E quando falamos de conexão no dia a dia? Pense em um líder de equipe. Um chefe que apenas delega tarefas dificilmente conquistará o respeito ou a lealdade de seus funcionários. Mas um líder que conhece as aspirações de cada membro da equipe, que celebra suas conquistas e apoia seus desafios, constrói uma conexão que motiva e engaja. Essa conexão não é construída em discursos grandiosos, mas em pequenos gestos: uma palavra de encorajamento, um elogio sincero ou até mesmo um simples "Como você está?" na hora certa.

Caro leitor, conexão também é sobre reconhecer a humanidade no outro. É o que torna um vendedor mais do que um apresentador de propostas e o transforma em um solucionador de problemas. É o que transforma um chefe em mentor e um parceiro comercial em aliado. Quando você se conecta, você constrói não apenas acordos, mas pontes – e pontes levam a lugares onde sozinhos jamais chegaríamos.

Por isso, lembre-se: a conexão é sua aliada mais poderosa. Cultive-a com autenticidade, curiosidade e estratégia. Como diria o bom e velho ditado, "Ninguém é uma ilha." E quem tenta ser, meu caro, geralmente acaba afundando sozinho.

***

Lei 8: A Lei do Tempo

Se há algo que o tempo nos ensina, caro leitor, é que nenhuma grande conquista ocorre da noite para o dia. Em um mundo obcecado por resultados rápidos e soluções instantâneas, a Lei do Tempo nos convida a respeitar o ritmo natural das coisas. Assim como uma semente não se torna uma árvore em um piscar de olhos, suas conquistas exigem paciência, persistência e o entendimento de que o tempo é tanto um aliado quanto um teste.

Pense em sua vida agora. Quantas vezes você já quis apressar o processo? Talvez tenha desejado resultados imediatos em um projeto de trabalho ou esperado que uma relação amadurecesse mais rápido do que o natural. Mas aqui está a verdade inescapável: tudo tem seu tempo. Tentar forçar o ritmo das coisas muitas vezes leva à frustração – ou pior, ao fracasso. O segredo, caro amigo, é aprender a sincronizar suas ações com o ritmo do universo ao seu redor.

A história está repleta de exemplos de como o tempo é uma força vital para o sucesso. Steve Jobs, por exemplo, compreendeu a importância de esperar o momento certo para lançar o Macintosh e, mais tarde, o iPhone. Ele sabia que a inovação não poderia ser apressada; ela exigia tempo para refinar ideias, testar tecnologias e preparar o mercado. Se Jobs tivesse sucumbido à pressão de lançar produtos incompletos, talvez a Apple nunca tivesse se tornado o ícone que é hoje.

Na psicologia, a teoria da gratificação adiada, amplamente explorada por Walter Mischel no famoso experimento do marshmallow, ilustra o poder do tempo. As crianças que conseguiam esperar para ganhar uma recompensa maior, em vez de ceder ao desejo imediato, mostraram maior sucesso em várias áreas da vida adulta. Essa lição é direta para você que está lendo: às vezes, esperar e planejar no presente é o que garante conquistas mais significativas no futuro.

E, claro, no mundo dos negócios, o tempo é frequentemente a diferença entre sucesso e fracasso. Jeff Bezos esperou anos antes de expandir a Amazon para além de livros, porque sabia que o mercado não estava pronto para a diversificação. Sua paciência permitiu que a empresa dominasse cada setor antes de avançar para o próximo. A lição aqui é simples: não tenha pressa para colher antes de plantar.

Mas, você pode se perguntar: "E se o tempo parecer estar contra mim?" A resposta, caro leitor, é agir consistentemente. O tempo recompensa aqueles que trabalham com estratégia e resiliência, não aqueles que apenas esperam. Em momentos de dificuldade, lembre-se de que cada dia que você persiste é mais um tijolo na construção de sua conquista.

Na vida prática, a Lei do Tempo também se manifesta nas relações. Um grande negociador entende que apressar um acordo pode destruir a confiança. Em vez disso, ele usa o tempo para construir relacionamentos, entender as necessidades do outro e criar um ambiente de colaboração. Como em um jogo de xadrez, cada movimento é planejado para o longo prazo, não apenas para o próximo turno.

Caro leitor, respeitar o tempo não significa ser passivo. Significa entender que cada esforço hoje tem um impacto no amanhã. É uma dança entre agir e esperar, entre persistir e deixar que as coisas sigam seu curso. Grandes conquistas não são apenas resultados; são jornadas. E toda jornada que vale a pena leva tempo.

Caro leitor, essa frase antiga, retirada do livro de Eclesiastes, possui um poder profundo que ressoa até os dias atuais. "Há tempo para tudo debaixo do céu" nos lembra de uma verdade inescapável: a vida se desenrola em ciclos, e a paciência para respeitar esses ritmos naturais é a chave para a verdadeira conquista. Não se apresse em querer que o tempo jogue a seu favor de forma imediata; às vezes, a maior habilidade é saber esperar, se ajustar e agir no momento certo.

No mundo moderno, onde a pressão para ter tudo imediatamente parece estar em todo lugar, essa sabedoria é mais valiosa do que nunca. Quantas vezes você já se viu ansioso para alcançar algo? Seja um objetivo de carreira, uma meta de saúde ou até uma relação que não amadureceu como você gostaria. A sociedade de hoje nos condiciona a acreditar que devemos ser rápidos, eficientes e imediatos em tudo que fazemos. Mas, caro leitor, o mundo real não segue o ritmo da pressa. Em muitos casos, a verdadeira conquista só é possível quando aceitamos o tempo como um aliado, e não como um inimigo.

Deixe-me lhe dar um exemplo simples e direto. Você já plantou uma árvore? Se sim, sabe que não importa o quanto você deseje, uma árvore não cresce de um dia para o outro. Ela precisa de tempo, água, luz e, principalmente, paciência. Durante as primeiras semanas, ela pode parecer pequena e frágil, quase invisível. Mas, com o tempo, ela se fortalece, suas raízes se aprofundam e, eventualmente, ela cresce de forma robusta. Esse é um reflexo claro de como o tempo, quando usado com sabedoria, faz com que algo se torne forte e duradouro.

Agora, traga isso para sua vida profissional. Digamos que você comece um novo projeto ou até mesmo um novo trabalho. O entusiasmo inicial é grande, você está cheio de planos e de ideias. Mas os primeiros meses podem ser difíceis. O crescimento pode não ser visível, e as recompensas podem parecer distantes. Mas lembre-se: "há tempo para tudo." Cada passo, por mais pequeno que seja, contribui para o crescimento da sua "árvore". Você precisa confiar no processo e no ritmo do desenvolvimento. Aqueles que alcançam grandes feitos não são os que têm pressa, mas os que sabem esperar pelo momento certo para colher os frutos.

Na vida pessoal, a Lei do Tempo também se aplica. Às vezes, queremos acelerar a evolução de nossas relações, seja com a família, amigos ou parceiros. Queremos criar laços profundos e significativos, mas esquecemos que as melhores relações se constroem com paciência, respeito mútuo e tempo. Assim como o solo precisa ser preparado antes de plantar, os relacionamentos exigem tempo para amadurecer. Quanto mais pressa você tiver, mais arriscado será plantar sementes que não têm tempo de se enraizar.

No final das contas, caro leitor, a vida é sobre equilíbrio. Há tempo para o trabalho árduo e há tempo para o descanso; há tempo para avançar e há tempo para refletir. A verdadeira conquista não vem da pressa, mas da sabedoria de agir no momento certo, de ser paciente, de permitir que o tempo e o processo ajudem a formar o que você deseja alcançar. Lembre-se: o tempo é um dos seus maiores aliados – basta saber respeitá-lo.

Capítulo 17
Leis da Resiliência e da Visão

Lei 9: A Lei da Resiliência

Caro leitor, a resiliência é mais do que uma característica humana. Ela é a verdadeira essência do ser humano em sua forma mais pura e poderosa. Em tempos de adversidade, é fácil olhar para o futuro e ver apenas escuridão. Mas é nesse momento de desespero que a resiliência se torna a força invisível que nos mantém em movimento, que nos faz levantar e continuar, mesmo quando tudo parece perdido.

Quando você se depara com obstáculos, a tentação é de se entregar, de achar que os sonhos são grandes demais e os desafios são maiores do que você. Mas é nesse ponto de pressão que sua verdadeira força começa a se revelar. Resiliência não é sobre ser imbatível, mas sobre ser capaz de se levantar toda vez que cair. É a habilidade de olhar para a dor e transformá-la em combustível. Cada erro, cada dor, cada revés – tudo isso serve para moldar quem você se torna.

A resiliência não é um traço de caráter reservado aos grandes heróis da história. Ela vive em você, em cada pequeno ato de coragem diário. Na decisão de se levantar, mesmo quando as forças parecem escassas. Ela está no momento em que você decide não desistir, quando poderia ser mais fácil ceder à tentação de se esconder no canto escuro da dúvida. Cada um de nós tem uma reserva inexplorada de força dentro de si, esperando para ser acionada quando mais precisamos. E é essa força, quando canalizada, que nos leva para além do que imaginamos ser possível.

A vida, caro leitor, não é feita de retas. Ela é cheia de altos e baixos, de curvas que nos desafiam e testam nossos limites. Quando as coisas não acontecem como planejado, ou quando o fracasso parece ser a única companhia, é a resiliência que nos dá a capacidade de continuar lutando. Ela não diz que será fácil. Ela não promete que o caminho será tranquilo. Mas ela garante uma coisa: se você persistir, você se tornará mais forte, mais sábio e mais capaz.

Cada momento de dor é uma oportunidade de crescimento. Cada lágrima, um passo para a reconstrução. Olhe para as adversidades da sua vida não como algo que o diminui, mas como um processo que o molda para se tornar uma versão melhor e mais resistente de si mesmo. Os maiores líderes, os mais impactantes visionários, não nasceram imunes ao sofrimento. Eles foram feitos no fogo das dificuldades, forjados nas experiências mais desafiadoras da vida. Nelson Mandela, que passou mais de 27 anos na prisão, nunca desistiu de sua visão de uma África do Sul unificada. Ele foi resiliente não porque nunca sentiu dor, mas porque escolheu, a cada dia, transformar o sofrimento em força.

Imagine a possibilidade, leitor, de superar tudo o que você teme, tudo o que o impede de seguir em frente. A resiliência é essa chave. Ela é a ponte entre os desafios e a realização. Ela é a certeza de que não importa o quanto você caia, o que importa é que você sempre se levanta. Cada queda é apenas uma pausa, um momento para ajustar a postura e continuar o percurso com mais força. Os maiores empreendedores e líderes de hoje são aqueles que falharam muitas vezes. Mas eles não viandaram com medo do fracasso. Eles abraçaram o fracasso como parte do processo, e, com isso, atingiram a grandeza.

Não tenha medo de falhar. Tem mais valor em se levantar após uma queda do que em nunca ter caído. A resiliência é sobre a determinação de continuar, é sobre manter sua visão clara, mesmo quando tudo ao seu redor tenta desviá-lo. É a coragem de olhar para a adversidade e dizer: "Eu sou mais forte que isso".

Porque, meu amigo, não é o peso das pedras que carrega, mas a força da vontade que as supera.

***

Lei 10: A Lei da Visão – O Poder de Ver Além do Horizonte

Você, caro leitor, tem uma visão do futuro? Não estou falando daquelas previsões vagas que você faz enquanto tenta decidir entre pizza de pepperoni ou margherita. Falo de visão real, do tipo que desafia os limites do que você acha possível. A visão que faz com que você olhe para um obstáculo e pense: "Isso? Isso é só mais uma pedrinha no meu caminho." Estamos falando de visão além do alcance – sim, igualzinho ao slogan de *ThunderCats*. Mas, aqui, você não precisa de uma espada mágica ou de um felino gigante para alcançar seus objetivos; você só precisa entender o poder de enxergar o que ainda está fora do seu campo de visão.

A verdade é que muitos de nós passamos por aí com uma visão limitada, focando no imediato, no óbvio, e no que está logo na nossa frente. Mas e se você, meu caro, decidisse adotar a perspectiva de um águia? Imagine a cena: você é uma águia, voando alto, com os ventos cortando suas penas. Lá embaixo, no chão, o que parecia ser um grande obstáculo para o ser humano, para a águia, se revela como uma pequena rocha. E mais importante ainda, ela está tão distante que, de cima, você pode vê-la, mas decide não se deter nela. Seu olhar está em outro lugar – no horizonte distante, onde o mundo se abre para novas possibilidades.

Agora, meu amigo, pare um segundo e imagine-se no lugar dessa águia. Qual seria sua visão? Você se concentraria nos pequenos problemas do dia a dia ou veria além, buscando um futuro que só você pode criar? A visão da águia nos ensina algo valioso: a habilidade de ver o que está distante, o que ainda não é visível para a maioria das pessoas. Quando você olha além do seu campo imediato, o mundo começa a se expandir diante de você. E ao expandir sua visão, você automaticamente expande suas possibilidades.

E o leão, então? O leão, o rei da selva, tem uma visão imponente. Mas essa visão vai além de uma simples percepção do que está à sua frente. O leão vê oportunidades em todo o seu território. Ele sabe quando é hora de atacar, quando é hora de descansar e, mais importante, ele sabe que sua visão é o que o mantém no topo. Ele enxerga a vida em termos de possibilidades infinitas, porque, no seu mundo, não há limites para o que ele pode conquistar. Sua visão não é limitada pelas circunstâncias; ela é alimentada pela sua coragem e pela confiança de que o mundo é dele para conquistar.

Da mesma forma, caro leitor, você também precisa aprender a enxergar além do óbvio. O maior erro que qualquer um pode cometer é se prender às pequenas dificuldades e esquecer de olhar para o grande quadro. Quando a vida parecer uma tempestade, lembre-se de que você pode escolher ser o leão, de olhar para o horizonte e perceber que, por trás da nuvem escura, há sempre uma luz esperando para guiá-lo.

Agora, me permita um toque de bom humor, como você, leitor, sabe que é preciso! Às vezes, a visão do horizonte pode parecer um pouco nebulosa, e você se pega pensando, "Eu não sou exatamente o mestre dos olhos aguçados de um leão ou da águia…" Mas acredite, todo grande conquistador começou pequeno, com um simples passo de fé naquilo que ainda não podiam ver. Eles olharam para o futuro com uma confiança inabalável e disseram: "Eu não sei como vou fazer isso, mas vou fazer."

A visão é um exercício de fé, de acreditar no que pode estar à frente, mesmo quando ninguém mais pode ver. E, assim como as águias e os leões, você também pode desenvolver essa habilidade. O segredo é treinar seus olhos e sua mente para enxergar além das limitações. Quando você começar a praticar isso, a verdadeira magia acontecerá: você perceberá que o mundo está cheio de oportunidades esperando para serem conquistadas, e você será o único capaz de alcançá-las.

Portanto, pare de olhar apenas para o chão onde você anda e comece a olhar para o horizonte. Assim como a águia, você tem o poder de ver o que está além do alcance da maioria. E como o leão, você tem a coragem de correr atrás do que deseja. O mundo está à sua espera – você só precisa ter visão suficiente para vê-lo.

Caro leitor, vamos fazer um exercício agora. Feche os olhos por um momento e pense na última vez que você se deparou com um grande problema. Talvez tenha sido um desafio no trabalho, uma situação difícil com um amigo ou até mesmo um dilema interno que parecia não ter solução. Agora, a pergunta que fica: como você se saiu dessa situação? Você conseguiu enxergar além do problema ou ficou preso a ele, com ele ressoando na sua cabeça, como um eco constante que parecia não ter fim?

Parece familiar, não é? Todos nós já passamos por isso. A diferença, meu amigo, está na forma como lidamos com isso. Algumas pessoas ficam presas, apenas refletindo sobre o problema, e acabam sendo consumidas por ele. Elas alimentam os medos, as inseguranças e as dúvidas, como se essas fossem as únicas coisas reais naquele momento. O problema se torna tudo o que elas veem, e, ao fazer isso, elas limitam suas possibilidades de agir, de transformar a situação e de seguir em frente.

Agora, pense: você realmente consegue enxergar além do problema? Ou você fica preso ao que está imediatamente à sua frente, como um cavalo com vendas, sem enxergar o que está ao redor? Muitos dizem que a verdadeira sabedoria está em saber que sempre há mais de uma maneira de encarar as coisas. E isso se aplica a qualquer situação. Você tem o poder de escolher como reagir. Pode escolher se prender à frustração ou escolher usar esse desafio como trampolim para algo maior. A escolha é sua.

Vamos refletir um pouco mais: imagine que você está no meio de uma negociação importante, e algo deu errado. Pode ser um erro de comunicação, um mal-entendido ou um imprevisto inesperado. Como você reage? Você entra em pânico e começa a se preocupar com tudo o que poderia ter sido diferente? Ou você, como um líder que sabe como operar sob pressão, respira fundo e começa a olhar para o quadro geral, analisando o que pode ser feito para virar o jogo? A primeira reação é humana – é fácil se perder nos detalhes e na frustração. Mas a verdadeira conquista está em fazer uma pausa e focar na solução, em olhar para a situação como um todo e perceber que o problema é apenas uma parte do que você pode aprender ou melhorar.

Você consegue ver além disso, leitor? Conseguir ver além de um obstáculo imediato requer mais do que visão – requer coragem. Coragem para afastar a tempestade da dúvida e da frustração e enxergar o que está além, o que está ao seu alcance para mudar o rumo da situação. A verdadeira grandeza não está em evitar problemas – ela está em como você lida com eles. Se você permite que um problema o consuma, ele terá poder sobre você. Mas se você escolhe ver esse problema como uma oportunidade, como algo que pode moldá-lo e fortalecê-lo, então você assume o controle.

Então, como você se sairia, caro leitor, se tivesse que tomar uma decisão difícil agora, diante de um desafio significativo? Você conseguiria enxergar além do problema e encontrar uma solução, ou ficaria preso ao que não está funcionando? Lembre-se, a vida é feita de momentos como esse – momentos que exigem que você vá além do óbvio, que veja além do que está à sua frente. Se você puder treinar sua mente para olhar para o horizonte, para o que está além da dificuldade imediata, você se tornará mais forte a cada passo.

Então, da próxima vez que o problema bater à sua porta, pergunte-se: como posso olhar para isso de forma diferente? E lembre-se: você é o único que pode escolher como vai reagir. O que você decide ver – a dificuldade ou a oportunidade – é o que determinará a sua jornada.

Capítulo 18
Leis da Mente e da Visão

Lei 11: A Lei da Mente

Caro leitor, tudo começa na mente. Pode soar clichê, mas a verdade é que nenhuma grande conquista se materializa sem antes ser concebida no campo das ideias. Na mente, no processo de pensamento, está o ponto de partida para qualquer objetivo, seja ele pessoal, profissional ou existencial. A Lei da Mente é a compreensão de que o que pensamos, no final, determina o que somos e o que seremos. O que você alimenta na sua mente é o que sua realidade se tornará.

O filósofo René Descartes, famoso por sua afirmação "Penso, logo existo", entendia que o simples ato de refletir e questionar era a base da realidade. Ele acreditava que o pensamento é a chave para a percepção da nossa existência e para a construção de nossa verdade. Mas Descartes não estava apenas falando sobre o ser, ele também estava falando sobre poder. O poder da mente de moldar o mundo ao seu redor. A mente é a força criadora da realidade, e cada pensamento, por mais simples que seja, contribui para a construção daquilo que você será.

Se você parar para refletir, verá que tudo o que você alcançou ou deixou de alcançar teve uma origem em algum pensamento. No início, uma ideia parece pequena, como uma semente. Mas, se alimentada com determinação, confiança e disciplina, ela cresce, se expande e, eventualmente, se torna realidade. Esse processo é o mesmo para tudo: um projeto de negócio, uma jornada de autodescoberta ou uma relação duradoura. Se você acredita que pode alcançar algo, e se alimenta sua mente com pensamentos que apoiam essa crença, as portas se abrem. Mas, ao contrário, se você se deixa dominar por pensamentos negativos e limitantes, inevitavelmente suas ações e comportamentos refletirão esse bloqueio.

Parece simples, certo? Mas a verdadeira conquista da mente vem quando você compreende que o maior obstáculo em sua vida não está lá fora, mas dentro de você. Como o famoso ditado diz: "O maior inimigo está na sua própria cabeça." O psicólogo William James, pioneiro do campo da psicologia, afirmou que "a maior descoberta da minha geração é que um ser humano pode alterar sua vida mudando sua atitude mental." Isso não significa que o pensamento positivo seja a solução para tudo, mas sim que a forma como você encara os desafios e as oportunidades é fundamental para superá-los.

A mente tem um poder incrível de mudar nossa percepção da realidade. Imagine que você está em uma situação desafiadora – uma negociação difícil, por exemplo. Se sua mente está cheia de dúvidas e medos, você provavelmente se sentirá inseguro, o que pode prejudicar suas chances de sucesso. Mas, se você se concentra na possibilidade de vitória, se visualiza superando obstáculos, sua energia muda. Seu corpo, seus gestos, seu tom de voz – tudo muda. E, com isso, a realidade ao seu redor começa a responder à nova mentalidade. Isso é a Lei da Mente em ação.

Agora, imagine o contrário. Se você começa seu dia com pensamentos negativos, antecipando falhas e obstáculos, inevitavelmente sua percepção será distorcida. Em vez de ver oportunidades, você verá apenas problemas. Isso afeta diretamente as suas decisões e, consequentemente, o seu comportamento. E assim, o ciclo se perpetua. O pensamento negativo, alimentado pelo medo e pela dúvida, cria uma realidade onde as conquistas parecem cada vez mais distantes.

Acontece que o poder da mente não é um conceito novo – está em todas as tradições e filosofias. A ideia de que nossa realidade é moldada pelo pensamento está no coração da filosofia oriental, especialmente no Budismo. O Buda ensinou que "tudo o que somos é resultado do que pensamos. Com nossos pensamentos, fazemos nosso mundo." A prática de meditação e atenção plena (mindfulness) é um exemplo de como a mente pode ser treinada para alcançar maior clareza e sabedoria. É através desse processo de treino mental que o indivíduo pode dominar suas emoções, suas ações e, consequentemente, sua realidade.

Agora, se você está se perguntando como aplicar isso no seu dia a dia, a resposta é simples, mas exigente. Você precisa ser o mestre da sua mente. Isso começa com o autoconhecimento: identifique os pensamentos limitantes, as crenças que o prendem e as dúvidas que minam sua confiança. Quando você se torna consciente desses padrões, pode começar a transformá-los. E, para isso, a prática constante de pensamentos positivos e autossugestivos é essencial.

Uma forma prática de aplicar isso é começar cada dia com afirmações que reforcem sua visão. Diga a si mesmo: "Hoje, sou capaz de conquistar meus objetivos", ou "Eu sou a pessoa certa para este trabalho." Ao alimentar sua mente com esses pensamentos, você está programando sua mente para o sucesso. E, com o tempo, seu cérebro começará a procurar soluções em vez de problemas, oportunidades em vez de obstáculos.

Caro leitor, você tem em suas mãos a chave para conquistar o que deseja. Tudo começa na mente, e a mente, quando treinada e focada, pode criar realidades extraordinárias. A Lei da Mente é a base sobre a qual todas as outras leis se constroem, e entender seu poder é a primeira etapa para se tornar o verdadeiro mestre da sua vida.

Imagine-se em situações que testam sua capacidade de reagir. Você está em uma reunião importante e, de repente, surge uma oportunidade incrível. O tipo de chance que pode mudar tudo, mas que também o pega desprevenido. Sem preparação prévia, dúvidas começam a surgir. Sua mente dispara: "E se eu não conseguir? E se eu não estiver pronto para isso?" A pergunta que surge é simples: você recuaria, deixando o medo decidir, ou escolheria encarar, confiando que aprenderá ao longo do caminho? Essa escolha, que parece tão pequena, é o ponto de partida para qualquer conquista. O que você alimenta em sua mente – o medo ou a coragem – determinará sua resposta.

Agora, visualize outra situação. Você trabalha em uma ideia inovadora, algo que acredita ter grande potencial. Com entusiasmo, apresenta sua proposta, mas, em vez de apoio, recebe críticas duras. Algumas pessoas até riem, desqualificando o que você trouxe com tanto empenho. Dentro de sua mente, as vozes externas começam a se misturar às suas inseguranças. "Será que eles estão certos? Talvez eu deva desistir." Esse momento é crucial. Você pode ceder à dúvida, aceitando as palavras dos outros como verdade absoluta. Ou pode transformar essas críticas em combustível, permitindo que elas o desafiem a refinar sua ideia e provar que estavam errados.

Imagine, ainda, um cenário em que você tenta algo novo e falha. Pode ser um projeto, um investimento ou até uma decisão pessoal. O resultado não é o esperado, e a sensação de fracasso pesa. Em meio a isso, a mente é implacável: "Eu sabia que não daria certo. Não sou bom o suficiente." Mas e se, em vez de se entregar a esse pensamento, você conseguisse ver o fracasso como parte do aprendizado? Thomas Edison, que fracassou milhares de vezes antes de inventar a lâmpada, não considerava seus erros como falhas, mas como passos no caminho para o sucesso. A questão não é evitar falhas, mas usá-las como oportunidades para crescer.

Por fim, pense em um momento em que você precisou tomar uma decisão importante, mas o tempo estava contra você. Dúvidas se acumulavam, e a pressão tornava impossível enxergar com clareza. A inércia parecia a única saída, mas, na verdade, a decisão precisava ser feita. Paralisar diante da dúvida é natural, mas a verdadeira conquista está em agir, mesmo com incertezas. É entender que nenhuma decisão será perfeita, mas que o maior erro é não agir.

Essas situações mostram que a mente é o campo de batalha mais importante. O que você escolhe pensar, sentir e acreditar em momentos de dificuldade molda o rumo da sua vida. Treinar a mente para ver possibilidades em vez de problemas, para buscar soluções em vez de lamentações, é o segredo para qualquer conquista. Tudo começa na forma como você decide reagir. Não se trata de evitar os desafios, mas de enfrentá-los com uma mente forte e preparada para transformar qualquer cenário, por mais sombrio que pareça, em uma oportunidade de vitória.

***

Lei 12: A Lei da Ação

Chegamos à Lei da Ação, caro leitor. E antes de mergulhar no que ela realmente significa, vamos tirar uma coisa do caminho: ideias são maravilhosas, mas ideias sem ação são como palestrantes com microfone da Madonna – chamativas, mas inúteis. Você já viu algum deles em ação? São mestres do espetáculo, espalhando frases feitas sobre "transformar sua vida" e "alcançar o sucesso", mas, no fundo, vivem vendendo cursos sobre como vender cursos. A piada é tão óbvia que dói. E é aqui que entra a Lei da Ação: enquanto muitos falam, poucos fazem.

Vivemos em uma era onde o palco é mais valorizado do que o chão de fábrica. Gente que nunca abriu um CNPJ está ensinando "estratégias infalíveis" de empreendedorismo. Pessoas que nunca venderam uma bala na porta da escola estão montando "masterclasses" sobre como criar negócios de sucesso. O problema? Eles esqueceram a parte mais importante: agir. Agir de verdade, sujar as mãos, enfrentar o mercado e falhar, porque é no fracasso que se aprende, e não nos aplausos automáticos de um auditório lotado.

Agora, pense comigo. Você acha que Thomas Edison, enquanto inventava a lâmpada, estava preocupado em montar um curso sobre "os segredos do sucesso na eletricidade"? Não, ele estava no laboratório, queimando fios, enfrentando falhas e tentando de novo. Edison não se importava em vender uma narrativa; ele queria vender uma solução. É exatamente isso que falta a muitos "gurus" de hoje: o compromisso com a ação, e não com a performance.

E você, como está sua relação com a ação? Talvez esteja preso ao famoso "planejamento eterno", aquele limbo onde tudo parece estar sendo feito, mas nada realmente sai do papel. É o clássico "estou esperando o momento certo". A verdade, caro amigo, é que o momento certo nunca chega. Quem espera a perfeição para começar passa a vida inteira esperando. E aqui está a ironia: enquanto você espera, aquele que decidiu agir, mesmo com imperfeições, já está dois passos à sua frente.

A Lei da Ação nos ensina que o mundo é movido por aqueles que fazem. Nem sempre de forma perfeita, nem sempre com aplausos, mas com constância. Pense em Steve Jobs. Quando lançou o primeiro Macintosh, ele enfrentou críticas imensas. Não era um produto perfeito, mas Jobs sabia que a perfeição vem com o tempo, desde que você esteja disposto a agir e corrigir o curso. Enquanto outros analisavam e discutiam, ele estava construindo. Hoje, o legado da Apple fala por si.

O mesmo vale para qualquer conquista. Um curso motivacional pode te inspirar, mas ele não fará o trabalho pesado por você. Não adianta assistir a vinte palestras sobre como vencer se você não coloca nada em prática. A ação é o que separa os conquistadores dos espectadores. É ela que transforma ideias em realidade, que cria resultados tangíveis enquanto os "showmen do palco" continuam vendendo suas promessas vazias.

Então, aqui vai o conselho ácido, mas sincero: levante-se e faça. Não fique esperando que um "palestrante com microfone da

Madonna" lhe diga que é possível. Não espere a bênção de um "guru" para começar. Aja. Mesmo que o começo seja imperfeito, mesmo que você não tenha todas as respostas. O mercado não perdoa inércia, mas recompensa aqueles que têm coragem de dar o primeiro passo.

Caro leitor, se há algo que você precisa levar para a vida, é isto: ação é o que transforma. Não importa quantas ideias geniais você tenha, quantos planos mirabolantes estejam desenhados no seu caderno ou quantas vezes você repetiu para si mesmo "este ano vai ser diferente." Nada – absolutamente nada – acontecerá até que você comece a agir. Então, vamos falar sério agora: o que está prendendo você?

Pode ser o medo de falhar. Esse é um clássico. Afinal, ninguém quer parecer incompetente, não é? Mas, aqui está a verdade dura e simples: falhar faz parte do processo. Na verdade, é uma das melhores coisas que pode acontecer. Cada erro, cada tropeço, é uma lição que o aproxima do sucesso. Pense nos grandes conquistadores da história. Eles não se tornaram grandes porque nunca erraram; eles se tornaram grandes porque, mesmo depois de errar, escolheram continuar.

Agora, pense na última vez que você teve uma ideia e hesitou. Talvez você tenha pensado: "Ainda não estou pronto." Ou, quem sabe, "Preciso de mais tempo para planejar." Você já se perguntou quantas oportunidades perdeu esperando o momento certo? Porque, vou te contar um segredo: o momento certo é uma ilusão. Ele não existe. O que existe é o momento que você escolhe para agir. É imperfeito? Sim. É assustador? Provavelmente. Mas é real. E é nesse momento real que as coisas começam a mudar.

A ação não precisa ser grandiosa. Não é sobre mudar o mundo em um único movimento, mas sobre começar. Um passo, depois outro. Lembra-se do ditado "a jornada de mil milhas começa com um único passo"? Ele é poderoso porque é verdadeiro. Não importa o tamanho do seu objetivo, ele só será alcançado se você der o primeiro passo. E, depois dele, o segundo. E assim por diante.

Se você está esperando por um sinal, aqui está: este texto. Considere-o sua convocação. Não importa o que seja – um projeto engavetado, uma mudança que você vem adiando, uma ideia que você teme colocar em prática – comece agora. Pegue uma caneta e escreva o que pode fazer hoje. Não amanhã, não na semana que vem. Hoje. Porque cada dia que você espera é um dia que você perde.

E, sim, vai ser desconfortável. Agir exige coragem. Você sairá da zona de conforto e enfrentará críticas, incertezas e, talvez, algumas derrotas. Mas, vou te dizer uma coisa: o desconforto é temporário. A transformação que vem com a ação é permanente. Imagine olhar para trás, daqui a um ano, e ver o quanto você conquistou porque escolheu agir. Agora imagine o oposto: olhar para trás e perceber que nada mudou porque você ficou parado. Qual dessas opções parece mais atraente?

Então, levante-se. Comece. Faça algo, qualquer coisa, que o aproxime do seu objetivo. O que você está esperando? A ação está ao seu alcance, e a conquista começa agora.

Capítulo 19
Leis da influência e do Propósito

Lei 13: A Lei da Influência

A conquista nunca acontece no vácuo. Todo grande feito, seja ele histórico, profissional ou pessoal, carrega em si a marca da influência. A capacidade de liderar, inspirar e, mais importante, fazer com que outros escolham seguir você, é o verdadeiro segredo por trás da Lei da Influência. Não se trata de manipulação, mas de magnetismo. De ser alguém que as pessoas querem ouvir, admirar e, eventualmente, seguir.

Vamos começar desmistificando algo: influência não é gritaria. Não é sobre quem fala mais alto, nem sobre o número de seguidores no Instagram. É sobre impacto. Um bom líder, alguém verdadeiramente influente, não precisa de um palco para ser ouvido; sua presença e ações falam por si. Pense em figuras como Mahatma Gandhi. Um homem que, com uma voz calma e uma postura firme, liderou uma revolução que mudou o mundo. Ele não precisou de microfones da Madonna, nem de uma audiência que o aplaudisse a cada frase. Sua influência vinha de sua integridade e de seu propósito claro.

Mas e você? Como está usando sua influência? Talvez você pense: "Eu não sou líder, não tenho ninguém me seguindo." Mas aqui está a verdade: todos nós influenciamos alguém, de alguma forma. Seja na família, entre amigos, no trabalho ou até em redes sociais. A questão não é se você tem influência, mas como você a usa. Você está impactando positivamente as pessoas ao seu redor ou está apenas preenchendo o espaço com ruído vazio?

A verdadeira influência começa com autenticidade. Não é sobre criar uma versão de si mesmo que agrade a todos, mas sobre ser tão genuíno que as pessoas sintam confiança em você. A confiança é o alicerce da influência. Sem ela, qualquer tentativa de liderar é em vão. E, para construir confiança, você precisa de duas coisas: congruência entre o que diz e faz, e um interesse real pelas pessoas ao seu redor.

Pense também no poder das histórias. As pessoas não se conectam com estatísticas ou teorias; elas se conectam com histórias. Contar uma boa história não é apenas uma habilidade, mas uma estratégia de influência. Quando você compartilha algo autêntico, algo que ressoa emocionalmente, você cria um laço poderoso. Imagine um líder que, em vez de falar sobre metas frias e números, conta como superou desafios semelhantes aos que sua equipe enfrenta. Isso não apenas inspira, mas também motiva.

A Lei da Influência nos ensina que conquistar não é apenas sobre nós mesmos, mas sobre o impacto que criamos. Se você deseja liderar, comece ouvindo. Pessoas influentes são, antes de tudo, grandes ouvintes. Elas entendem as necessidades, desejos e medos daqueles ao seu redor e, a partir disso, moldam suas palavras e ações.

Por fim, lembre-se: influência não é um ato de força, mas de atração. Não é sobre impor ideias, mas sobre inspirar mudanças. Líderes verdadeiramente influentes não empurram; eles puxam. Eles criam um espaço onde os outros sentem vontade de crescer, de agir e de ser melhores. Se você está preparado para inspirar e liderar, então está pronto para conquistar.

A influência é, acima de tudo, a capacidade de guiar os outros para além do que eles próprios conseguem imaginar. É ser o farol em meio à tempestade, aquele que ilumina caminhos antes invisíveis. E, diferentemente do que muitos acreditam, influência não é imposta, mas conquistada. Você não precisa de títulos grandiosos ou de holofotes para ser influente; precisa, sim, de propósito claro e ações alinhadas.

Vamos buscar um exemplo que raramente recebe a atenção devida: Harriet Tubman. Nascida escravizada nos Estados Unidos do século XIX, Harriet fugiu para a liberdade, mas não parou por aí. Ela voltou, repetidamente, ao território inimigo para resgatar outros escravizados, liderando-os pela ferrovia subterrânea – um sistema secreto de rotas e refúgios que levou centenas à liberdade. Tubman não tinha exércitos, riqueza ou qualquer tipo de poder institucional. O que ela tinha era coragem, propósito e, acima de tudo, a confiança daqueles que a seguiam.

Por que tantos colocavam suas vidas em suas mãos? Porque Harriet não apenas dizia que os levaria à liberdade – ela demonstrava isso com cada ação. Sua liderança vinha de uma combinação poderosa: ela era confiável, ousada e profundamente comprometida com o bem-estar das pessoas que ajudava. Não havia necessidade de discursos ensaiados ou carisma teatral; sua influência era construída sobre a base sólida de ações consistentes e resultados concretos.

Agora, pergunte-se: o que faz de alguém confiável o suficiente para ser seguido? Não é apenas o que se diz, mas o que se faz. As pessoas observam mais do que ouvem. Elas querem saber se você é capaz de entregar aquilo que promete. Pense na sua vida: como suas ações têm reforçado ou minado sua influência? Um líder que fala sobre esforço, mas foge do trabalho duro, perde a confiança rapidamente. Por outro lado, alguém que lidera pelo exemplo cria uma base inabalável de seguidores leais.

Outro aspecto essencial da influência é a empatia. Ser influente não é sobre você; é sobre os outros. Influenciadores verdadeiros ouvem mais do que falam, entendem mais do que julgam. Quando Harriet Tubman liderava, ela não apenas guiava seus seguidores; ela entendia profundamente seus medos, necessidades e esperanças. Ela sabia o que significava viver sob opressão, e essa conexão emocional fortalecia sua liderança.

Em um contexto moderno, a influência funciona da mesma maneira. Líderes que escutam suas equipes, entendem suas dificuldades e oferecem soluções práticas têm maior impacto do que aqueles que apenas delegam tarefas. A empatia, combinada com a ação, cria uma dinâmica onde as pessoas sentem que não estão apenas sendo guiadas, mas que fazem parte de algo maior.

Por fim, lembre-se de que a influência não acontece da noite para o dia. É um processo contínuo, construído com pequenos gestos e decisões consistentes. E, assim como Harriet Tubman enfrentou riscos imensos para alcançar seu objetivo, você também encontrará desafios no caminho. Mas, se suas intenções forem claras e suas ações estiverem alinhadas com seus valores, você se tornará um líder que não apenas conquista, mas transforma. A influência verdadeira é aquela que deixa um impacto duradouro, não apenas nas pessoas, mas no mundo ao redor delas.

***

Lei 14: A Lei do Propósito

Propósito. Uma palavra que reverbera na alma com um peso quase místico, mas que, ao mesmo tempo, se perdeu nas prateleiras de livros de autoajuda e nos discursos motivacionais que soam como eco vazio. Para além das frases prontas e dos chavões, o propósito é a força que atravessa o tempo, que molda ações e define legados. É aquela centelha que separa uma existência comum de uma trajetória inesquecível. Não se trata de encontrar um motivo qualquer para seguir adiante, mas de descobrir o eixo que alinha quem você é com aquilo que você faz no mundo.

O propósito, no entanto, é traiçoeiro. Ele não é algo que você compra em um final de semana iluminado de coaching, nem uma fórmula que aparece depois de um teste vocacional. Ele é escorregadio, desconfortável e, muitas vezes, exige que você enfrente o vazio antes de sentir qualquer vislumbre de plenitude. É por isso que muitos desistem de procurá-lo, contentando-se em preencher os dias com tarefas e obrigações que não tocam em nada além da superfície.

Imagine Beethoven, já surdo, compondo sua Nona Sinfonia. Qualquer um poderia dizer que a falta de audição seria razão suficiente para ele parar. Mas Beethoven não era movido por metas ou convenções; ele tinha propósito. A música transcendia o som para ele. Ela era um impulso interno, um fogo que nenhuma limitação física poderia extinguir. E é essa natureza indomável do propósito que o torna tão essencial: ele existe além das circunstâncias, além das desculpas, além do medo.

O propósito também é pessoal, mas nunca egoísta. Pense na vida como uma sinfonia onde cada um de nós carrega uma nota única, que só fará sentido quando tocada em harmonia com o todo. Aqueles que entendem isso percebem que o propósito é tanto um compromisso consigo mesmo quanto uma entrega ao mundo. Martin Luther King Jr. não sonhou com um futuro apenas para si, mas para milhões. Ele sabia que sua jornada não era apenas dele, mas de todos que o seguiriam. Esse entendimento é o que transforma o propósito em algo inabalável, capaz de resistir às tempestades mais brutais.

Mas como encontrar o próprio propósito? Essa é a pergunta que atormenta tantos e, paradoxalmente, é respondida não com certezas, mas com ação. Porque o propósito não é um ponto fixo no horizonte, mas uma trilha que você desbrava enquanto caminha. Ele se revela em pequenos gestos, em decisões que inicialmente parecem insignificantes, mas que, no retrospecto, formam uma narrativa poderosa.

Pense em Marie Curie, imersa em um laboratório rudimentar, enfrentando preconceitos e perigos para desvendar os segredos da radioatividade. Não havia garantias de sucesso, muito menos de reconhecimento. Mas havia propósito. E propósito, quando encontrado, transforma qualquer sacrifício em uma escolha consciente, qualquer obstáculo em um degrau.

O grande desafio do propósito, entretanto, é que ele exige alinhamento. Ele não aceita hipocrisia, incoerência ou atalhos. O propósito é um juiz severo que exige que você seja aquilo que prega. Em tempos modernos, vemos empresas e líderes falhando exatamente aqui. Eles vendem discursos de impacto social, mas, por trás das cortinas, praticam tudo o que contradiz essas palavras. Por isso, o propósito não é apenas um farol que guia, mas também uma âncora que impede desvios.

Agora, deixe-me ser claro: propósito não é sinônimo de conforto. Na verdade, ele frequentemente te arranca do chão, te joga no caos e te desafia a encontrar sentido em meio à confusão. É como escalar uma montanha, onde cada passo parece mais difícil, mas cada metro conquistado revela uma visão mais ampla e espetacular. O propósito não te poupa do esforço, mas ele dá significado ao cansaço. E esse significado é o que diferencia uma vida bem vivida de uma que apenas passou pelo tempo.

Para alguns, o propósito surge cedo, como uma epifania. Para outros, ele é construído lentamente, como um quebra-cabeça que só faz sentido depois de anos de tentativa e erro. Mas, independente do caminho, uma coisa é certa: você não pode fugir dele. Tentar ignorar o propósito é como tapar os ouvidos diante de uma música que toca na alma. Ele encontrará uma forma de te chamar, mesmo que em meio ao silêncio.

Há quem diga que o propósito é um luxo em tempos tão pragmáticos, mas essa visão é curta. Propósito não é um adorno; é a fundação. Sem ele, até as maiores conquistas soam ocas. Considere a Netflix, que poderia ter se limitado a ser uma locadora digital, mas decidiu reimaginar a maneira como consumimos entretenimento. Sua inovação não veio de um desejo de lucro fácil, mas de um propósito claro: conectar histórias a pessoas de formas que ninguém havia imaginado.

Entenda, o propósito é a única coisa que permanecerá quando tudo o mais desaparecer. É o que te acordará em manhãs difíceis e o que te manterá em pé nos dias em que tudo parecer perdido. E, quando o ciclo da sua vida estiver completo, será o propósito – e não as posses, os títulos ou os troféus – que dirá se você viveu plenamente ou apenas existiu.

Porque, no fim, a pergunta não será "quanto você acumulou?" ou "quanto você realizou?" A pergunta será: "você cumpriu o seu propósito?" E só você poderá responder.

Se encontrar o propósito é uma tarefa desafiadora, viver de acordo com ele é uma guerra diária. Porque o propósito, por mais claro e vibrante que seja, sempre será testado pelo mundo. As tentações do caminho fácil, as distrações da rotina, e até mesmo as vozes daqueles que não o compreendem tentarão desviá-lo do curso. Seguir um propósito é como caminhar contra a correnteza; é preciso esforço constante, resiliência e uma boa dose de coragem.

O mundo moderno está cheio de exemplos de batalhas pelo propósito. Pense no surgimento do Uber. Antes dele, o mercado de transporte individual era dominado por um sistema fechado, muitas vezes ineficiente e inacessível. A ideia de "colocar uma pessoa comum no controle de sua própria viagem" era revolucionária, mas também altamente controversa. A empresa enfrentou resistência de sindicatos, regulamentações e até do público em seus primeiros anos. Mas o propósito estava lá: transformar a mobilidade urbana. Essa força motriz manteve a visão firme, mesmo nos momentos mais turbulentos.

Essa batalha, no entanto, não é exclusiva de gigantes corporativos. Ela é pessoal. Quantas vezes você já questionou suas escolhas? Quantas vezes o conforto do status quo tentou te convencer de que era melhor desistir do que insistir em algo que parecia incerto? É aqui que muitos perdem a guerra pelo propósito: confundem resistência com erro, quando na verdade é a resistência que testa a autenticidade da sua missão.

Há um conto japonês sobre o bambu que ilustra perfeitamente esse ponto. Diz-se que o bambu passa anos crescendo debaixo da terra, fortalecendo suas raízes antes de emergir. Quando finalmente brota, ele cresce rapidamente, alcançando alturas incríveis em questão de semanas. O mesmo vale para o propósito. Às vezes, você passará anos sem ver resultados tangíveis, mas esses anos não são desperdiçados – eles estão construindo a base sólida que sustentará tudo o que virá depois.

Por isso, viver pelo propósito é um exercício de paciência e disciplina. Não é sobre perseguir resultados imediatos, mas sobre construir algo que resista ao teste do tempo. Quando você age guiado pelo propósito, não importa o quão longa ou árdua seja a jornada, cada passo faz sentido. E isso, em si, é libertador. Porque o propósito, diferentemente de metas ou objetivos, não depende de um ponto de chegada. Ele é o caminho.

No entanto, há um preço a pagar por essa jornada. Pessoas que vivem pelo propósito frequentemente enfrentam incompreensão. Quando Elon Musk começou a falar sobre colonizar Marte, ele foi ridicularizado. Quando Rosa Parks se recusou a ceder seu lugar em um ônibus, ela foi atacada. Mas é exatamente isso que torna o propósito tão poderoso: ele transcende as opiniões e julgamentos alheios. Ele é maior que a validação externa.

Nesse ponto, é essencial falar sobre autenticidade. Muitas vezes, o propósito é confundido com paixão, mas são conceitos diferentes. A paixão é um fogo que queima intensamente, mas tende a se apagar com o tempo. O propósito, por outro lado, é como as brasas: ele pode não parecer tão espetacular à primeira vista, mas é duradouro e está sempre lá, pronto para reacender as chamas quando necessário.

E é exatamente essa durabilidade que o torna a arma mais poderosa contra o fracasso. Quando a Kodak recusou-se a adotar o digital, não foi porque faltava paixão pela fotografia – foi porque ela perdeu o propósito. Esqueceu-se de que sua missão não era vender filmes, mas capturar momentos. E, ao perder esse norte, tornou-se irrelevante. Enquanto isso, empresas como a Netflix, que começou como uma simples locadora de DVDs, prosperaram ao redefinir continuamente o propósito de entregar entretenimento.

Portanto, viver de acordo com o propósito não é apenas uma batalha contra as adversidades externas. É também uma luta interna. É questionar constantemente se as suas ações estão alinhadas com aquilo que você acredita. É ter a humildade de mudar de rota quando necessário, mas nunca de direção. É reconhecer que, às vezes, manter-se fiel ao propósito significa abrir mão de coisas que, à primeira vista, parecem importantes, mas que no fundo não servem ao que você se propôs a construir.

E essa lealdade ao propósito tem um efeito colateral interessante: ela atrai pessoas. Assim como um ímã, o propósito ressoa com aqueles que compartilham da mesma visão. É por isso que grandes líderes não precisam gritar para serem ouvidos – sua convicção é tão clara que se torna impossível ignorá-los. Pense em Mahatma Gandhi. Ele não possuía exércitos ou riquezas, mas sua dedicação inabalável ao propósito de liberdade e igualdade mobilizou milhões. Porque o propósito verdadeiro, quando vivido de forma autêntica, é contagiante.

E aqui está a grande lição da batalha pelo propósito: ela nunca termina. Porque o propósito não é algo que você conquista e guarda em uma prateleira como um troféu. Ele é um movimento contínuo, uma dança entre o que você é e o que você faz. E, enquanto você estiver disposto a lutar por ele, estará vivendo de forma plena.

Chegamos ao momento final. Se encontrar o propósito é desafiador e viver por ele é uma batalha, então legar o propósito é o clímax de toda essa jornada. Porque, no fim, o propósito não é apenas sobre você. É sobre o impacto que você deixa no mundo, sobre as marcas invisíveis que transcendem o tempo e falam por você muito depois que a sua voz se cala.

A verdade é que ninguém constrói um legado por acaso. Legados nascem do propósito vivido com consistência, dedicação e uma dose de teimosia saudável. O propósito bem vivido se torna uma força que molda não apenas o que você faz, mas também como o mundo ao seu redor responde a isso. E, acima de tudo, ele inspira.

Pense em um exemplo prático: a história da Apple. Mais do que vender dispositivos, a empresa construiu um legado em torno de uma ideia – desafiar o status quo. Quando Steve Jobs apresentou o iPhone, ele não estava apenas criando um telefone, mas revolucionando a forma como nos conectamos com o mundo. Seu propósito era claro: fundir tecnologia e humanidade. A Apple, até hoje, prospera nesse legado. Mesmo com Jobs ausente, sua visão persiste porque o propósito foi incorporado à cultura da empresa. É isso que acontece quando um propósito é vivido intensamente: ele se multiplica e sobrevive a quem o iniciou.

No entanto, legar o propósito não é um ato passivo. É preciso alimentá-lo continuamente, com ações que o tornem palpável e duradouro. Considere o exemplo de alguém como Nelson Mandela. Depois de passar décadas preso, ele não apenas voltou para liderar uma nação, mas fez disso uma missão de reconciliação. Ele poderia ter optado pelo caminho da vingança ou da indiferença, mas seu propósito de unidade prevaleceu. Mandela não apenas viveu seu propósito – ele o tornou eterno. Seu legado está presente até hoje, nas políticas, nas memórias e nas histórias que inspiram novos líderes ao redor do mundo.

Mas, para quem está no meio da correria do dia a dia, essa ideia de legado pode parecer abstrata. Como, afinal, deixar algo significativo quando estamos apenas tentando cumprir prazos, pagar contas e equilibrar tantas responsabilidades? A resposta é simples, mas poderosa: é o impacto nas pessoas ao seu redor. Não importa se você lidera uma empresa global ou um pequeno negócio local – seu propósito deixa marcas nas pessoas que interagem com você.

E aqui entra a beleza do propósito: ele não exige perfeição, apenas autenticidade. Seus erros, desde que feitos com boa intenção, podem ensinar mais do que seus acertos. Muitas vezes, o legado não está no que você alcançou, mas no que você inspirou outros a fazerem. O propósito vivido de forma verdadeira cria ondas, e essas ondas alcançam lugares que você nunca imaginou.

Por outro lado, o legado do propósito também exige uma certa humildade. É reconhecer que o que você começou pode ser continuado e até melhorado por outros. Não é sobre controlar, mas sobre confiar. Pense em grandes movimentos que mudaram o curso da história – como o feminismo, os direitos civis ou as revoluções tecnológicas. Nenhum deles foi obra de uma única pessoa. Foram coletivos de propósito, nutridos por pessoas que tinham clareza do que queriam e estavam dispostas a passar o bastão adiante.

Na esfera pessoal, isso pode significar criar sistemas que funcionem sem você. Um empreendedor que vive pelo propósito constrói uma empresa que prospera mesmo em sua ausência. Um mentor que entende o valor do legado forma novos líderes que um dia o superarão. Um artista que vive pelo propósito cria obras que falam a novos públicos, em novos tempos.

E, finalmente, há uma questão crucial: como medir um legado? Não é em números ou medalhas, mas no impacto invisível. É no sorriso de alguém que encontrou motivação nas suas palavras, na transformação de um sistema por uma ideia sua, ou na perpetuação de valores que você ajudou a disseminar. É por isso que o legado do propósito é intangível e, ao mesmo tempo, imenso.

Agora, uma última história para fechar este ciclo: durante a Segunda Guerra Mundial, um violinista chamado Bronislaw Huberman dedicou seu propósito a salvar músicos judeus perseguidos. Ele fundou a Orquestra da Palestina, que mais tarde se tornaria a Filarmônica de Israel, e usou sua posição para proteger centenas de famílias. Huberman nunca viu a Filarmônica alcançar seu status atual, mas sua crença no poder da música e da humanidade ecoa até hoje. Ele não precisava estar lá para colher os frutos, porque o propósito que ele viveu e legou já era suficiente.

No fim, a grande verdade é que o propósito não é sobre onde você chega, mas sobre o que você transforma no caminho. Se você fez isso, então cumpriu o que veio fazer neste mundo. Porque viver pelo propósito é a maior vitória – mas legá-lo é a verdadeira imortalidade.

E assim fechamos a **Lei do Propósito**, não como um ponto final, mas como um convite para que cada um de nós reflita: o que deixaremos para trás quando nossa jornada terminar? O que nosso propósito, vivido dia após dia, dirá ao mundo?

CAPÍTULO 20
A Jornada

Toda grande conquista começa com um passo simples. Um passo que, à primeira vista, parece insignificante, mas que carrega a força de algo muito maior: a intenção de chegar a algum lugar. Reconhecer a trilha, perceber sua importância, é onde começa o verdadeiro aprendizado. O horizonte é um guia, mas a trilha é a essência.

Pense em como uma jornada é construída. Cada momento, cada detalhe, contribui para a experiência final. Tomemos como exemplo os antigos navegadores, que dependiam de mapas rudimentares e estrelas para encontrar novos mundos. Cristóvão Colombo, ao zarpar em direção ao desconhecido, tinha apenas a certeza de que algo existia além do horizonte visível. Ele não possuía garantias, mas cada nó percorrido era um passo em direção ao novo.

Assim também é nossa vida. Quer seja um empresário iniciando um projeto, um artista criando uma obra ou um sonhador tentando materializar uma ideia, tudo começa com uma trilha que nem sempre é clara. E aqui reside uma grande verdade: muitas vezes, estamos tão obcecados com o destino final que esquecemos de apreciar o processo, as nuances do caminho, os desvios inesperados que podem transformar completamente o objetivo inicial.

Considere a trajetória da Netflix. Hoje, uma gigante do entretenimento, mas, no início, era uma locadora de DVDs por correspondência. Quando o modelo começou a falhar, os fundadores reconheceram que a trilha precisava mudar. Eles se adaptaram, apostaram no streaming digital, e o resto é história. A lição aqui é clara: não há sucesso sem flexibilidade, sem a capacidade de valorizar a trilha e ajustá-la quando necessário.

A trilha ensina, molda e desafia. É nela que enfrentamos nossas dúvidas, tropeçamos em nossos erros e, muitas vezes, encontramos soluções que nunca imaginaríamos. A trilha é onde a coragem se constrói. Ela nos ensina que falhar não é o oposto de vencer; é parte integrante do processo.

No entanto, há uma questão ainda mais profunda: como saber se estamos na trilha certa? A resposta não está em mapas perfeitos ou previsões exatas. Está no propósito que guia cada passo. Está na capacidade de olhar para o caminho que estamos trilhando e sentir que ele nos transforma, que ele nos leva para mais perto do nosso verdadeiro eu.

Histórias de superação nos mostram o poder de se reconectar com a trilha. Pense em Steve Jobs, que foi demitido da Apple, a empresa que ele mesmo fundou. Poderia ter sido o fim de sua jornada, mas ele decidiu valorizar a experiência acumulada e criar algo novo. Foi nesse intervalo que surgiram a Pixar e o NeXT, duas criações que acabariam por moldar não apenas sua carreira, mas toda a indústria da tecnologia. Jobs entendeu que o destino não é fixo; ele é moldado pela forma como encaramos a trilha.

Agora, pergunte a si mesmo: você está reconhecendo a trilha? Está absorvendo os aprendizados que ela oferece, ou está preso à ansiedade pelo horizonte? A grande verdade é que a trilha é onde a vida acontece. É onde nossos medos são enfrentados, nossas ideias testadas e nossos limites desafiados. O horizonte pode ser o guia, mas é a trilha que conta a história.

Lembre-se: a trilha não é perfeita. Ela é repleta de pedras, desvios e momentos de incerteza. Mas é nela que você encontrará as ferramentas para enfrentar qualquer desafio. Reconheça sua jornada, valorize cada passo, e você descobrirá que o horizonte, por mais distante que pareça, é apenas uma consequência natural de um caminho bem trilhado.

Se a trilha é o lugar onde a vida acontece, a intenção é o vento que impulsiona a jornada. Sem ela, o caminho é apenas uma sequência de passos desconexos, movidos por inércia ou, pior, por obrigações que sufocam. Navegar pela intenção é entender que o ato de andar não é o suficiente; é necessário saber por que e para onde estamos indo.

A intenção é diferente do objetivo. Objetivos são estáticos, marcados por linhas de chegada. Já a intenção é fluida, ajustável, capaz de se moldar às circunstâncias e de se transformar ao longo da jornada. Pense na evolução das grandes empresas. A intenção inicial pode ser algo tão simples quanto "resolver um problema." Contudo, com o tempo, ela se expande, ganha nuances e, muitas vezes, redefine seu propósito.

Tomemos o exemplo da Uber. A empresa começou com a intenção de resolver um problema básico: tornar o transporte mais acessível e eficiente. A ideia não era revolucionar a forma como nos movemos, mas melhorar uma experiência específica. Ao longo do tempo, essa intenção se desdobrou. Hoje, a Uber não é apenas uma empresa de transporte; ela representa conveniência, inovação e, para muitos, uma nova forma de pensar sobre mobilidade urbana.

Mas, como se navega pela intenção? Primeiro, é preciso entendê-la. Isso exige uma honestidade brutal consigo mesmo, uma análise do que realmente importa. Não é sobre o que o mundo espera de você, mas sobre o que faz sentido para sua própria jornada. Muitos negócios, projetos e até vidas pessoais desmoronam porque foram construídos sobre intenções falsas, copiadas de outras histórias.

A intenção verdadeira tem força, mas também vulnerabilidade. Ela nos obriga a reconhecer nossas limitações e nossos medos. É por isso que navegar pela intenção é tão difícil: porque exige um confronto interno. Não basta saber o que você quer; é necessário entender por que quer.

Voltando ao exemplo de Steve Jobs, sua intenção não era apenas criar produtos tecnológicos. Ele queria algo maior: fundir tecnologia e arte, criar experiências que ressoassem emocionalmente com as pessoas. Essa intenção o guiou, mesmo quando os caminhos pareciam impossíveis. Foi isso que manteve a Apple viva durante seus momentos mais sombrios. Ele navegou pela intenção, e não pelo ego.

E então há o humor ácido da vida: às vezes, a intenção certa surge de uma falha. Considere a história da Post-it. O produto nasceu de um erro de fabricação, um adesivo fraco que não servia para o propósito original. Contudo, alguém enxergou valor naquele fracasso. A intenção inicial – criar uma cola forte – foi substituída por outra: resolver um problema prático, ajudando as pessoas a organizarem suas ideias. Foi assim que um erro se transformou em um ícone global.

Agora, olhe para sua própria jornada. Qual é sua intenção? Não pergunte "o que eu quero atingir," mas "o que me move?" Esta é a pergunta mais poderosa que você pode fazer a si mesmo, porque a resposta irá moldar cada passo que você der. E, ao contrário dos objetivos, a intenção não tem prazo de validade. Ela se adapta, evolui, mas nunca perde sua essência.

Navegar pela intenção é um ato de coragem. É dizer não ao que não ressoa, ao que não faz sentido. É abraçar o que importa, mesmo que isso signifique desagradar os outros ou mudar o curso de sua vida. Não há mapa para a intenção, mas há um guia interno: o propósito. É ele que transforma passos aleatórios em uma trilha significativa.

E é aqui que voltamos ao horizonte. A intenção nos mostra que o horizonte não é um lugar estático; ele muda à medida que caminhamos. Cada passo que damos expande nossa visão, nos permite enxergar possibilidades que antes eram invisíveis. É por isso que navegar pela intenção é tão poderoso. Ela nos liberta das amarras dos objetivos rígidos e nos permite viver com propósito.

Pense na Uber. A trilha começou com um problema: pessoas frustradas com a dificuldade de encontrar táxis. A intenção era clara: oferecer um serviço mais acessível, rápido e eficiente. Mas o propósito verdadeiro foi além. A Uber se posicionou para "transformar a mobilidade urbana." Não era apenas sobre transporte; era sobre desafiar modelos antigos e reconstruir cidades com acesso mais democrático. É isso que cria uma marca que resiste às críticas e às crises: um propósito tão forte que transcende as ferramentas que utiliza.

Propósito é aquilo que resiste até quando o cenário muda. Na história, temos exemplos de negócios que falharam porque confundiram ferramenta com essência. A Kodak, como discutido antes, acreditava que vendia filmes fotográficos, mas, na verdade, era guardiã das memórias humanas. Quando o digital chegou, ela não soube redefinir seu propósito. Por outro lado, a Disney sempre soube que seu propósito não era apenas criar filmes ou parques; era "criar momentos mágicos." É por isso que ela prospera, mesmo mudando de tecnologia e formatos.

Mas não confunda propósito com missão corporativa emoldurada na parede. Propósito é mais visceral. Ele se sente, antes de ser explicado. Ele nasce de algo profundamente humano: a vontade de deixar uma marca, de pertencer, de criar algo que sobreviva a nós.

O propósito é uma força que une, dá foco e impulsiona. Veja o exemplo de marcas locais que prosperam porque têm alma. Imagine um pequeno café de esquina que não compete pelo melhor latte ou pelo preço mais baixo, mas sim pelo propósito de "criar um espaço onde histórias são contadas." As pessoas voltam não pelo café, mas pelo que ele representa: um local onde a comunidade se encontra, onde memórias são feitas. Isso é propósito em ação.

Agora, no âmbito pessoal, pense em um profissional que enxerga seu trabalho apenas como um meio de pagar contas. Ele pode ser eficiente, mas dificilmente será memorável. Já alguém que entende o propósito por trás de sua profissão – seja transformar vidas, educar ou criar – está sempre em movimento, mesmo quando as ferramentas ou o mercado mudam. É o tipo de profissional que você quer ao seu lado, porque ele não só entrega resultados; ele inspira.

O propósito não grita, mas guia. Ele é aquele elemento silencioso que faz você insistir mesmo quando parece que o mundo está desabando. Ele faz você reinventar seu negócio, aprender novas habilidades e, às vezes, admitir que é hora de mudar tudo. É ele que transforma crises em saltos e erros em aprendizado.

Pense em como algumas pessoas são lembradas muito depois de partirem. Não é pelo que acumularam, mas pelo que representaram. Steve Jobs, por exemplo, não é lembrado apenas por criar a Apple, mas por personificar um propósito maior: a fusão de arte e tecnologia para mudar o mundo. Ele não vendia computadores; ele vendia a ideia de que a criatividade poderia ser amplificada por máquinas.

Ao contrário do que muitos pensam, o propósito não é algo fixo. Ele é construído ao longo da jornada, ajustado conforme novas trilhas são exploradas e intenções são realinhadas. Ele vive e respira, crescendo com quem o alimenta. E, por isso, ele é tão poderoso. Ele se adapta sem perder a essência.

Encerrar um livro falando sobre propósito é também um convite para o leitor refletir. Não sobre onde ele está ou o que ele faz, mas sobre o porquê. Qual é o propósito que guia sua trilha? Ele é claro o suficiente para resistir às mudanças e forte o suficiente para continuar atraindo você, mesmo quando o caminho se torna desafiador?

Na essência, é disso que se trata a Lei do Propósito: encontrar o porquê que dá sentido ao como e ao que. Se você chegou até aqui, talvez já tenha começado a encontrar o seu.

CAPÍTULO 21
O PASTOR

Ser um pastor não é apenas sobre liderança; é sobre compreender que cada indivíduo carrega consigo uma jornada única e, muitas vezes, caótica. Na mitologia, na filosofia e até nos campos da psicologia, o arquétipo do guia, do pastor, surge como aquele que sabe olhar para a alma do coletivo enquanto reconhece a singularidade de cada pessoa. Ele não força o rebanho a segui-lo, mas oferece uma direção, um propósito que faz com que aqueles que vagam por terrenos incertos sintam o desejo de segui-lo.

Vamos começar pelo filósofo Sócrates, que se posicionava não como um líder impositivo, mas como um guia. Ele acreditava que o verdadeiro pastor não entrega respostas prontas; ele faz perguntas. Sócrates caminhava pelas ruas de Atenas, desafiando as certezas das pessoas, perguntando o porquê por trás de suas crenças. Seu método socrático não era um simples jogo intelectual, mas uma forma de guiar as pessoas para dentro de si mesmas, onde poderiam encontrar suas próprias verdades.

Esse é o primeiro papel do pastor: não impor uma verdade única, mas abrir caminhos para que cada um encontre a sua. A alma humana não responde bem a ordens; ela é seduzida por propósitos que ressoam com suas aspirações internas. Sócrates sabia disso, e sua habilidade de fazer com que as pessoas enxergassem além das aparências é o que o tornou eterno. A sabedoria do pastor não está em ser o dono do saber, mas em ser um catalisador do pensamento.

Na mitologia grega, Hermes, o deus mensageiro, é também o protetor dos viajantes e dos pastores. Ele guia as almas entre os mundos, conectando o terreno e o divino. Diferentemente de outros deuses, Hermes não busca controle ou adoração; ele oferece passagem, um caminho seguro para aqueles que estão em transição. É essa dualidade – ser parte do mundo enquanto aponta para algo além – que faz dele um arquétipo poderoso do pastor.

Hermes representa a capacidade de guiar sem prender. Ele sabe que cada alma precisa de autonomia, mas também de orientação. Em sua figura, vemos que o pastor não é apenas alguém que caminha à frente do rebanho, mas aquele que conhece o terreno, as tempestades e os atalhos, e que oferece segurança para aqueles que têm medo de avançar. Ele não empurra, mas ilumina o caminho. O pastor que conquista não faz isso pela força, mas pela confiança que inspira.

Carl Gustav Jung, um dos maiores psicólogos do século XX, trouxe à tona a ideia de que cada pessoa carrega dentro de si uma jornada de individuação, um processo de se tornar inteiro. O pastor, nesse contexto, é aquele que auxilia o outro a encontrar seu centro. Ele não dita o destino; ele ajuda a desvendar o mapa.

Jung dizia que a verdadeira liderança é simbólica. O pastor é como o guia de Dante em "A Divina Comédia," Virgílio. Ele não está ali para carregar Dante; está ali para caminhar ao lado, para apontar os perigos e destacar as belezas do caminho. Virgílio não tenta salvar Dante, mas o encoraja a enfrentar seus próprios medos. O pastor, como guia psicológico, entende que cada um deve trilhar sua própria jornada, mas que, às vezes, uma luz externa é necessária para iluminar os trechos mais sombrios.

No cerne de tudo isso, a empatia emerge como a qualidade central do pastor. A filosofia de Emmanuel Levinas destaca que a verdadeira relação com o outro começa no reconhecimento de sua alteridade, ou seja, daquilo que o torna único. O pastor que conquista é aquele que enxerga no rosto do outro um universo próprio, que respeita e acolhe sem anular.

Ser pastor é reconhecer a humanidade em sua forma mais vulnerável. Assim como o mito de Quíron, o centauro ferido que se tornou mestre em curar, o pastor muitas vezes carrega suas próprias dores. É através delas que ele se conecta com as dores alheias, criando pontes que vão além do racional. A conquista não está no domínio, mas na comunhão.

O pastor que guia o rebanho compreende que ele também é guiado. O aprendizado é mútuo. Na filosofia taoísta, isso é representado pelo conceito do Wu Wei, ou "agir pelo não agir." O pastor age, mas sua ação é sutil, quase imperceptível. Ele não luta contra o fluxo natural das coisas, mas o utiliza a seu favor. Esse equilíbrio entre conduzir e permitir que o outro escolha é o segredo da verdadeira liderança.

Podemos dizer que o pastor não é apenas aquele que guia, mas aquele que é um espelho para os guiados. Ele reflete suas potencialidades, ilumina seus caminhos e, acima de tudo, os lembra de que a conquista é um movimento interno que começa quando alguém acredita que é possível. Como Sócrates, Hermes, Virgílio e Quíron, o pastor é um mestre silencioso, cuja maior habilidade é despertar no outro o desejo de seguir por conta própria. E assim, a primeira etapa do caminho se abre.

Ser pastor não é apenas uma vocação, mas um caminho que exige disciplina, humildade e resiliência. Aqui, encontramos o paradoxo central: para guiar, é preciso caminhar ao lado; para liderar, é necessário servir. É uma jornada de constante equilíbrio, onde o pastor aprende tanto quanto ensina.

Na mitologia grega, Ulisses, o protagonista da "Odisseia," simboliza o líder que guia ao mesmo tempo em que busca. Ele é o capitão do navio, responsável por seus homens, mas também é um homem perdido, procurando seu caminho de volta para casa. Essa dualidade é essencial ao pastor: ele é tanto o guia quanto o viajante.

A jornada de Ulisses ensina que o pastor não é infalível. Ele erra, se desvia, enfrenta monstros externos e internos. No entanto, o que o diferencia é sua capacidade de persistir, de aprender com cada desvio e de manter seu propósito. O pastor é um líder que aceita sua humanidade – suas dúvidas, suas falhas –, e é precisamente essa vulnerabilidade que o torna autêntico aos olhos daqueles que o seguem.

Friedrich Nietzsche, com sua filosofia provocativa, nos oferece uma visão do pastor como aquele que se reinventa continuamente. Nietzsche criticava a ideia de líderes estáticos, argumentando que o verdadeiro poder está na transformação. O pastor que conquista não é aquele que permanece no topo de uma montanha, mas aquele que desce ao vale e retorna, enriquecido pelas experiências.

Nietzsche introduz o conceito do "Übermensch" – o "além-do-homem," ou aquele que transcende as limitações humanas para criar novos valores. O pastor, nesse contexto, não apenas segue valores estabelecidos, mas é capaz de criar novas narrativas que inspiram seu rebanho. Ele compreende que cada jornada é única e que, às vezes, é necessário romper com o que é confortável para alcançar o extraordinário.

Na tradição budista, o Bodhisattva é aquele que alcançou a iluminação, mas escolhe permanecer no mundo para guiar os outros. Ele representa a renúncia ao ego e o compromisso com o serviço. O pastor que segue o caminho do Bodhisattva entende que sua jornada não é sobre ele, mas sobre aqueles que ele serve.

O Bodhisattva não prega com palavras grandiosas, mas com ações. Sua liderança é discreta, quase invisível. Ele planta sementes de mudança, confiando que, no tempo certo, elas florescerão. O pastor, ao incorporar essa sabedoria, entende que seu papel não é forçar, mas facilitar. Ele cria um ambiente onde os outros podem crescer por conta própria, sem sentir a mão pesada de uma liderança autoritária.

Viktor Frankl, psiquiatra e sobrevivente do Holocausto, escreveu em "Em Busca de Sentido" que o maior desejo humano é encontrar propósito, mesmo nas circunstâncias mais difíceis. Frankl acreditava que o guia verdadeiro é aquele que ajuda os outros a encontrar sentido em sua dor e em seus desafios.

O pastor que segue essa visão não minimiza as dificuldades do caminho. Ele reconhece os labirintos emocionais e espirituais que todos enfrentam, mas oferece esperança. Ele é como o fio de Ariadne no mito do Minotauro, guiando o herói através do caos. O pastor não elimina os obstáculos; ele fornece ferramentas para que cada um possa enfrentá-los.

A jornada do pastor não é apenas individual. Ele caminha com um coletivo, e é nesse contexto que sua liderança é testada. Na filosofia de Martin Buber, a relação "Eu-Tu" é central. O pastor não vê os outros como "coisas" a serem manipuladas, mas como seres humanos plenos, com suas próprias histórias e aspirações.

Essa visão transforma a jornada em uma experiência compartilhada. O pastor e o rebanho caminham juntos, aprendendo uns com os outros. Há momentos em que o pastor precisa liderar, momentos em que precisa ouvir e, às vezes, momentos em que ele próprio é guiado. Essa dança entre liderança e vulnerabilidade é o que dá profundidade à sua jornada.

Para encerrar esta fase, voltamos ao paradoxo essencial da jornada: ela é, ao mesmo tempo, pesada e leve. O pastor carrega o fardo de guiar, mas encontra leveza no propósito que o sustenta. Como dizia Albert Camus, "é preciso imaginar Sísifo feliz." Mesmo quando a tarefa parece interminável, há uma alegria intrínseca em saber que cada passo tem significado.

A jornada do pastor não é sobre alcançar um destino final, mas sobre caminhar com propósito, aprendendo, ensinando e crescendo ao longo do caminho. O pastor é, acima de tudo, um viajante – alguém que encontra significado não na chegada, mas no ato de guiar e ser guiado.

Na conclusão desta obra, chegamos à essência do pastor: aquele que transcende seu tempo e lugar, guiando não apenas por um momento, mas por gerações. O verdadeiro pastor é mais do que um líder; ele é um arquiteto de legados, um construtor de pontes que atravessam a mortalidade e alcançam a eternidade. Nesta fase, exploramos como o pastor abraça a continuidade de seu propósito, deixando rastros de significado em tudo o que toca.

Na mitologia grega, Prometeu é aquele que traz o fogo aos homens, desafiando os deuses em um ato de profunda compaixão e sacrifício. Ele é punido por sua ousadia, mas sua dádiva ilumina a humanidade por toda a eternidade. O pastor, como Prometeu, é aquele que oferece luz, mesmo sabendo que a recompensa pode não ser imediata.

Ser pastor é aceitar que o impacto de suas ações pode ser invisível no presente. Como Prometeu, o pastor planta sementes que talvez não veja florescer. Ele é um semeador de futuros, confiando que, em algum momento, o fogo que ele trouxe aquecerá aqueles que ainda estão por vir.

O ato de guiar, nesse sentido, é profundamente altruísta. Não se trata de glória pessoal, mas da contribuição para algo maior. É a consciência de que sua vida é um elo em uma corrente infinita, e cada ato de liderança é uma centelha que perpetua o propósito.

Joseph Campbell, em sua obra sobre o "monomito," argumenta que todas as grandes histórias seguem uma estrutura universal: a Jornada do Herói. O pastor, porém, não é apenas o herói de sua própria história; ele é também o guardião das narrativas de outros. Ele entende que cada pessoa é protagonista de sua jornada e que sua função é honrar essas histórias enquanto tece a sua própria.

Como o poeta persa Rumi disse: "Você não é uma gota no oceano; você é o oceano em uma gota." O pastor reconhece essa verdade em cada indivíduo. Ele guia não para moldar os outros à sua imagem, mas para ajudá-los a descobrir o oceano dentro de si mesmos. Essa reverência pela singularidade de cada história é o que torna sua liderança atemporal.

O pastor, como contador de histórias, preserva as lições do passado enquanto inspira o futuro. Ele é a ponte entre gerações, garantindo que os aprendizados acumulados não sejam esquecidos, mas transformados em combustível para novas jornadas.

Nenhum pastor escapa da mortalidade. A finitude da vida humana é uma certeza, mas o propósito de um pastor é imortal. Aqui, encontramos o pensamento de filósofos como Heidegger, que argumenta que a consciência da morte é o que dá significado à vida. O pastor, ao encarar sua própria finitude, entende que cada ação deve ser carregada de intenção.

Na mitologia nórdica, Odin, o deus sábio, sacrifica um olho para obter conhecimento. Ele sabe que todo sacrifício verdadeiro é um investimento na eternidade. O pastor que guia com propósito também faz sacrifícios – tempo, energia, até mesmo sua própria vaidade – para criar algo que transcenda sua existência.

Esse encontro com a mortalidade dá ao pastor uma clareza única. Ele percebe que sua função não é acumular, mas distribuir; não é dominar, mas capacitar. Ele se torna, assim, uma força que não pode ser apagada, pois vive nas ações, memórias e transformações daqueles que ele tocou.

O pastor, ao longo de sua jornada, descobre que liderar é, paradoxalmente, um ato de entrega. Ele não busca conquistar pessoas, mas conquistá-las para elas mesmas. Ele é um espelho que reflete as potencialidades do rebanho, permitindo que cada indivíduo veja em si o que antes parecia invisível.

Nesse ponto, o pastor não é mais um guia distante; ele é parte do coletivo que ajudou a moldar. Ele lidera, mas também segue; ensina, mas também aprende. Ele se torna a síntese de tudo o que foi explorado nas 14 leis: a influência, a persistência, a inovação, o propósito.

E ao final, o pastor entende que sua conquista mais significativa não é o reconhecimento, mas a transformação. Ele se despede não como um herói, mas como uma chama que se dividiu em muitas outras, iluminando caminhos que ele jamais percorrerá.

O título deste livro – *O Pastor: As 14 Leis da Conquista* – não foi escolhido por acaso. Ele reflete a essência do líder que guia com alma, propósito e coragem. O pastor é aquele que compreende que a conquista não está em acumular seguidores, mas em libertá-los.

Ao encerrar esta obra, fica o convite: seja o pastor de sua própria vida, mas também o guia daqueles que cruzarem seu caminho. Caminhe com humildade, inspire com propósito e, acima de tudo, deixe um legado que ecoe muito além de você.

Pois, no fim, todos nós somos pastores de algo – de um sonho, de uma ideia, de uma vida. E a verdadeira conquista está em conduzir não com poder, mas com propósito.

Encerramento

Fechamos este livro não apenas como o final de uma jornada literária, mas como o começo de uma nova estrada para quem se identifica com as leis da conquista. Como um pastor conduzindo seu rebanho, cada leitor foi convidado a refletir, moldar e aprimorar suas próprias práticas, não apenas nos negócios, mas também na vida.

O título, **"O Pastor: As 14 Leis da Conquista"**, carrega uma simbologia profunda. O pastor, em sua essência, é um guia, um líder silencioso, que entende que seu papel vai além de apenas apontar a direção. Ele cuida, protege e, acima de tudo, inspira. Mas, em um mundo moderno, onde o conceito de liderança é frequentemente distorcido por visões de poder e dominação, o pastor não se torna apenas uma metáfora – ele se transforma em um chamado à autenticidade, à humildade e ao propósito.

A liderança não é sobre controle; é sobre conexão. Platão, em sua famosa alegoria da caverna, descreve indivíduos acorrentados, incapazes de ver a luz da verdade, até que alguém os liberta e os guia para fora da escuridão. Esse guia é o pastor contemporâneo. Mas, diferente do mestre que se coloca acima dos demais, o pastor caminha junto, consciente de que o rebanho só se move quando há confiança.

No universo da psicologia, Carl Rogers nos ensina sobre a importância da empatia genuína no relacionamento humano. Um pastor, seja ele um líder de negócios, um professor ou um empreendedor, deve aprender a enxergar o mundo pelos olhos daqueles que lidera. Rogers propõe que a verdadeira transformação ocorre quando o guia não impõe suas verdades, mas cria um ambiente onde cada indivíduo encontra sua própria força.

Mitologicamente, o pastor aparece em figuras como Moisés, que conduziu seu povo à liberdade, ou Orfeu, que liderou sua amada Eurídice para fora do submundo. Ambos enfrentaram desafios monumentais, mas nunca abandonaram o propósito de servir. Essa imagem arquetípica do pastor como um líder que sacrifica, ama e persevera ressoa profundamente em nossa psique coletiva.

No contexto contemporâneo, o pastor não está mais restrito a colinas e rebanhos literais. Ele é o mentor que transforma ideias em ações, o visionário que encontra clareza em meio ao caos. Ele é também o líder que entende que, para conquistar verdadeiramente, é necessário inspirar a conquista em outros.

Porém, o pastor moderno enfrenta desafios diferentes. Ele não apenas lida com o rebanho, mas também com os lobos da desinformação, da superficialidade e da desconexão. Em um mundo onde redes sociais criam líderes instantâneos sem profundidade, o pastor moderno deve se destacar como um guia autêntico, cuja sabedoria é forjada na experiência e no compromisso com seus princípios.

Aqui, a filosofia de Søren Kierkegaard oferece uma lição vital. Ele sugere que a maior conquista do ser humano não é a vitória externa, mas a reconciliação interna com seu propósito. O pastor moderno precisa primeiro pastorear a si mesmo – controlar seus medos, suas incertezas e suas ambições desmedidas – antes de se apresentar como um guia confiável.

O conceito de "sempre em construção" percorre este livro como um fio condutor. Um pastor nunca é uma obra acabada. Como Michelangelo descreveu ao esculpir Davi, a grandeza já estava dentro da pedra; ele apenas removeu o excesso. Da mesma forma, o pastor moderno está constantemente moldando a si mesmo, aprendendo com seus erros, adaptando-se às mudanças e crescendo em profundidade.

Essa ideia é reforçada por Friedrich Nietzsche, que nos lembra: "Aquele que tem um porquê para viver pode suportar quase qualquer como." O pastor não é perfeito – ele erra, duvida, mas nunca perde de vista seu porquê. Esse propósito é a bússola que o mantém no caminho, mesmo nas tempestades mais ferozes.

Na prática, isso significa que um pastor não teme os desafios. Ele entende que cada adversidade é uma oportunidade de crescimento. Como a fênix da mitologia, ele se reinventa, transformando cinzas em asas para voar ainda mais alto.

Ser pastor não é apenas uma responsabilidade; é um privilégio. Liderar significa ter a coragem de se vulnerabilizar, de mostrar suas cicatrizes como sinais de aprendizado e não de fraqueza. Brené Brown, uma das maiores defensoras da vulnerabilidade como força, afirma que o verdadeiro líder é aquele que se permite ser humano, inspirando outros a fazerem o mesmo.

Ao longo deste livro, exploramos as 14 leis da conquista. Mas nenhuma delas seria eficaz sem a humanidade por trás do líder. É essa humanidade que permite ao pastor entender que não lidera robôs, mas pessoas – com sonhos, medos e potencial ilimitado.

Na mitologia, o herói não é aquele que nunca falha, mas aquele que aprende com suas falhas. O pastor é esse herói moderno, que encontra força em sua humanidade e usa essa força para guiar seu rebanho com propósito e paixão.

Ao encerrar este livro, a mensagem é clara: todos somos pastores de algum rebanho. Seja na família, na comunidade ou nos negócios, o papel de guiar é inevitável. Mas a pergunta que deve ser feita não é "como liderar?", e sim "por que liderar?". É o propósito que diferencia o líder autêntico do líder vazio, o pastor do ditador.

Assim, a conquista final não está em números, prêmios ou aclamação. Está em deixar um legado que inspire outros a seguir seus próprios caminhos com coragem e determinação. Está em viver de acordo com um propósito maior, que transcende o ego e abraça o coletivo.

Que este livro seja não apenas um guia, mas um convite. Um convite para que você, leitor, se torne o pastor que o mundo precisa. Não perfeito, mas em constante evolução. Não impositivo, mas inspirador. Não apenas um líder, mas uma fonte de propósito para aqueles que têm a sorte de caminhar ao seu lado.

E, assim, seguimos. Sempre em construção. Sempre guiados pelo propósito. Sempre prontos para conquistar, com alma, paixão e humanidade. Afinal, ser pastor não é apenas um papel – é uma escolha. Uma escolha de guiar, amar e transformar. Uma escolha de fazer a diferença. Uma escolha que, esperamos, você também esteja disposto a fazer.

www.ingramcontent.com/pod-product-compliance
Lightning Source LLC
Chambersburg PA
CBHW071025240526
45469CB00006BD/2099